Melle Siegfried

Köln Bonn Airport

Wie geht das?

J.P. BACHEM VERLAG

Bereit zum Abheben?

Ankommen, Koffer abgeben, einsteigen, abheben. So einfach geht das, wenn Du mit einem Flugzeug verreisen möchtest. Stimmt! Einerseits! Andererseits: Bevor Du mit einer Boeing oder einem Airbus in Richtung Italien oder Spanien abhebst, passieren in allen Ecken und Winkeln des Flughafens – überirdisch und unterirdisch, in großen Hangars und hohen Türmen, in der Küche und im Cockpit – hochspannende Dinge. Erfahrene Piloten, konzentrierte Fluglotsen, gut gelaunte Flugbegleiter, wachsame Feuerwehrleute, geschickte Mechaniker und sogar ein Schäfer: All diese Profis sorgen dafür, dass an einem Flughafen alles perfekt funktioniert.

Wir nehmen Dich in diesem Buch mit in die packende Welt des Köln Bonn Airport. Wir zeigen Dir, warum ein Koffer auf seinem Weg in den Flugzeugbauch fast nie die Orientierung verliert. Du erfährst, wie ein besonderes Gerät erkennen kann, ob jemand gefährliche Gegenstände in seinem Rucksack transportiert. Und natürlich entschlüsseln wir auch die geheimen Codes auf Bordkarten, Anzeigetafeln und bei Funkgesprächen zwischen Piloten und Lotsen.

Wir führen Dich an Orte, die eigentlich für normale Passagiere verboten sind: In den Tower zum Beispiel, wo Lotsen den Verkehr am Boden und in der Luft regeln. Oder auf das Vorfeld, wo die Flugzeuge betankt und beladen werden. Und natürlich in das riesengroße Frachtzentrum, in dem jede Nacht mit Flugzeugen aus aller Welt 600.000 Pakete ankommen und auf ausgeklügelt-geheimnisvolle Weise sortiert, verladen und weiter verschickt werden.

Übrigens, wusstest Du, dass 1983 ein spektakulärer und schwergewichtiger Gast auf dem Köln Bonn Airport einen Zwischenstopp einlegte und dass Edgar nur einer von vielen tierischen Flughafen-Mitarbeitern ist …?
Also, wenn Du startklar bist, dann kann es jetzt losgehen – mit einer spannenden Reise quer durch einen der größten Flughäfen in Deutschland.
Viel Spaß dabei!

Michael Garvens & Ulrich Stiller
Köln Bonn Airport

Übrigens:
Typische Flughafen-Begriffe, die Du vielleicht noch nicht kennst, sind im Buch mit einer Glühbirne markiert. Im Flughafen 1x1 auf den Seiten 94 und 95 erklären wir Dir diese Begriffe.

Inhalt

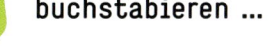

Am
Köln Bonn

Airport

Arrival – Departure. Was ist das?

Was ist die **Landseite** eines Flughafens und was die **Luftseite?**

Wie komme ich zum **Flughafen?**

Wie lang ist eine **Startbahn?**

Wo kann ich Flugzeuge beim **Starten** und **Landen** beobachten?

Alles auf einen Blick!

Der Köln Bonn Airport ist einer der größten Verkehrsflughäfen Deutschlands. Was alles zu einem so imposanten Flughafen gehört, kannst Du am besten aus der Luft erkennen: Es gibt drei Start- und Landebahnen, zwei ⚲ Terminals, drei Parkhäuser, einen Flughafenbahnhof und einen riesigen Frachtbereich.

FedEx-Frachtzentrum

Terminal 1

Interkontinentalbahn

Terminal 2

Weltmeisterwissen

Im Jahr 2013 gab es mehr als **120.000 Flugbewegungen** am Köln Bonn Airport. Von hier aus starten und landen jährlich mehr als **9 Millionen Menschen**. Es gibt **12.500 Parkplätze**. Etwa 170 ICE, S-Bahnen und Regional-Expresszüge fahren täglich den Flughafenbahnhof an. Der Köln Bonn Airport hat **9 ⚲ Vorfelder** und **3 Start- und Landebahnen**. Die größte von ihnen ist **3.815 Meter lang** und **60 Meter breit**. Damit ist sie die einzige ⚲ Interkontinentalbahn in Nordrhein-Westfalen. Auf ihr können selbst die größten Flugzeuge vollbeladen starten und landen.

Feuerwehr

Tower/Kontrollturm

UPS-Frachtzentrum

Querwindbahn

Parallelbahn

Flughafenverwaltung

Parkhaus 1

Unterirdischer Bahnhof

Parkhaus 2

Parkhaus 3

Zwei Seiten

Ein Flughafen ist in einen landseitigen und einen luftseitigen Bereich unterteilt. Den landseitigen Bereich darf jeder besuchen. Hier liegen Bahnhof, Taxistand, Bushaltestellen und die Parkhäuser. In den Terminals laden Geschäfte und Restaurants zum Bummeln, Einkaufen, Essen und Trinken ein. Und von der Besucherterrasse hast Du Tag und Nacht einen beeindruckenden Ausblick auf startende und landende Flugzeuge.

Der luftseitige Bereich ist vom landseitigen Bereich durch eine Pass- und Zollkontrolle getrennt. Ihn dürfen nach einer Sicherheitskontrolle nur Mitarbeiter des Flughafens und der Fluggesellschaften betreten – und natürlich Fluggäste mit gültigem Ticket. Auch die Ausweispapiere werden fast immer kontrolliert. Denn wer in ein anderes Land fliegt, passiert die Grenze bereits im Flughafen, nicht erst an der eigentlichen Landesgrenze.

Ankommen

Erwachsene schieben Wagen mit Kofferbergen vor sich her, Kinder wuseln aufgeregt durch die Hallen, Familien umarmen sich, weil sie sich lange nicht mehr gesehen haben ...

Auf einem Flughafen ist immer jede Menge los. Neun Millionen Menschen – also 180 mal ein volles Kölner RheinEnergie Stadion – besuchen jedes Jahr den Köln Bonn Airport. Von hier aus fliegen sie in den Urlaub nach Italien, Spanien oder in die Schweiz. Oder sie kommen von wichtigen Terminen in anderen Städten wie Berlin, Hamburg oder München. 35 Fluggesellschaften fliegen von hier aus zu über 100 Zielen in mehr als 30 Ländern.

Blinkt hier ein grüner Punkt, bedeutet das, der Flug ist bereit zum ♀ Boarding.

4U = Dieser Code zeigt die Fluggesellschaft an. 752 = Das ist die Nummer des Flugs nach Wien.

Wer mit dem Auto zum Köln Bonn Airport kommt, fährt in eines der drei Parkhäuser, in die mehr als 12.500 Autos passen.

Alle, die mit der Bahn anreisen, steigen direkt unter dem Flughafen aus. Von hier aus sind es nur wenige Minuten bis zu den ♀ Terminals.

Zeichensprache

Damit sich im Flughafengebäude niemand verirrt, weist ein Leitsystem den richtigen Weg.

Wer dem Zeichen mit dem startenden Flugzeug folgt, kommt in den Abflugbereich. In der Flughafen-Fachsprache sagt man dazu „Departure". Hier, im oberen Bereich der Terminals, befinden sich die Check-in-Schalter und auch die Flugsteige, die Gates, von denen aus es zum Flugzeug geht.

Dieser Flug verspätet sich auf 13 Uhr.

Das Flugzeug nach Wien parkt im Bereich C. Der Warteraum für die Passagiere ist C70.

B.C ✈ Abflug Gates Departures

↑ Gates **B11-B89** Gates C

Abflug Köln Bonn Airport   Departure Cologne Bonn Airport

12 26

Abruf Call	Flugnummer Flight Number	Nach / Über To / Via	Zeit Time	erwartet estimate	Warteraum / Bemerkung Gate / Remark
⊙⊙	4U 492B	SARAJEVO	10:5	13:00	B51
⊙⊙	4U 7035	HAMBURG	12:40		BOARDING B70
⊙⊙	LH 1987	MUENCHEN	12:40		C30
⊙⊙	4U 96	SPLIT	13:10		B50
⊙⊙	4U 752	WIEN	13:20		C70
⊙⊙	OS 872	WIEN	13:20		C70
⊙⊙	4U 342	MANCHESTER-INTL.	13:55		B51
⊙⊙	4U 022	DRESDEN	14:35		B80
⊙⊙	4U 464	LONDON-HEATHROW	14:40		B31
⊙⊙	DE 2186	VARADERO	14:45		B40
⊙⊙	4U 018	BERLIN-TEGEL	15:00		C40
⊙⊙	4U 768	ZUERICH	15:20		B20
⊙⊙	LX 3005	ZUERICH	15:20		B20
⊙⊙	4U 034	HAMBURG	15:45		C30

Erwartete Wartezeit an den Sicherheitskontrollen   Terminal 1: bis zu 5 Minuten   Terminal 2: bis zu 3 Minuten

Abflug Köln Bonn Airport   Departure Cologne Bonn Airport

Abruf Call	Flugnummer Flight Number	Nach / Über To / Via	Zeit Time	erwartet estimate	Warteraum / Bem Gate / Remark
⊙⊙	4U 010	BERLIN-TEGEL	15:55		C50
⊙⊙	4U 078	LEIPZIG-HALLE	16:00		C20
⊙⊙	LH 1989	MUENCHEN	16:20		C40
⊙⊙	4U 526	BARCELONA	16:40		B71
⊙⊙	4U 8053	BERLIN-TEGEL	17:00		C20
⊙⊙	4U 7033	HAMBURG	17:25		B80
⊙⊙	LH 1991	MUENCHEN	17:25		C40
⊙⊙	4U 020	BERLIN-TEGEL	18:05		C50
⊙⊙	4U 754	WIEN	18:10		B71
⊙⊙	OS 8724	WIEN	18:10		B71
⊙⊙	4U 788	BUDAPEST	18:25		C30
⊙⊙	4U 468	LONDON-HEATHROW	18:35		B30
⊙⊙	4U 762	ZUERICH	18:40		C20
⊙⊙	4U 826	MAILAND-MALPENSA	18:40		C70

Expected waiting time at security

Das landende Flugzeug führt in den Ankunftsbereich, der sich „Arrival" nennt. Hier kommen die Fluggäste an, die gerade gelandet sind.

Blick nach oben!

Auf den großen Anzeigetafeln erkennst Du, welche Flüge als nächstes starten. Die Buchstaben und Zahlen zeigen Dir genau an, welches Flugzeug zu welcher Zeit an welchen Ort fliegt. Die Anzeigentafel verrät Dir auch, an welchem ♀Gate ein Flugzeug bereitsteht. Wenn die großen Tafeln ihre Anzeige wechseln, hörst du ein typisches klapperndes Geräusch — immer dann, wenn sich die Anzeige verändert. Der Köln Bonn Airport hat als erster Flughafen die alten Fallblatttafeln gegen neue digitale Tafeln, die eigentlich keine Geräusche machen, ausgetauscht. Trotzdem kommt aus einem Lautsprecher das typische Klappern, denn das gehört seit Jahren zum Fliegen irgendwie dazu ...

Die beiden großen Terminals sind für **14 Millionen** Fluggäste und Besucher jährlich ausgelegt. Hier gibt es:

33 Geschäfte, **20** Restaurants und Bars, **86** Check-in-Schalter, **56** Gates, **19** ♀Finger, **26** Spuren für die Sicherheitskontrolle von Passagieren und eine vollautomatische Gepäcksortieranlage in Terminal 2.

Gummibärchen, Gemüse & Geschenke

Du bist am Köln Bonn Airport, weil Du mit Deinen Eltern nach Italien fliegst, aber Dein Magen knurrt so sehr, dass Du es nicht mehr aushalten kannst? Kein Problem! Im REWE Supermarkt am Flughafen gibt es alles, was satt macht und schmeckt: frisches Obst und Gemüse, Brot, Eiscreme und Süßigkeiten ...

Im Airport-Supermarkt finden Reisende eine bunte Auswahl gesunder Snacks für unterwegs.

„Ich glaube, es gibt nicht viele Orte, an denen man so viele unterschiedliche Menschen aus so unterschiedlichen Ländern trifft. Ich begegne jeden Tag Kunden aus Griechenland, Portugal, sogar aus Amerika oder Afrika. Das finde ich großartig und könnte mir deshalb keinen schöneren Platz zum Arbeiten vorstellen."

Flora, REWE-Mitarbeiterin am Köln Bonn Airport

Bevor die Flugreise beginnt: Noch schnell einen Blumenstrauß oder eine Schachtel Pralinen als Geschenk für die Oma kaufen ...

Der REWE Supermarkt am Köln Bonn Airport hat 363 Tage im Jahr rund um die Uhr geöffnet. Das ist ziemlich praktisch, wenn Du zum Beispiel sonntags einen Kuchen backen möchtest und Dir eine wichtige Zutat fehlt. Hier kannst Du auch am Sonntag Butter, Schokostreusel oder Mehl kaufen.

Auf Entdeckungstour

Eines steht fest: Ein Aufenthalt am Flughafen ist kein bisschen langweilig. Denn in beiden 💡 Terminals finden Passagiere und Besucher des Köln Bonn Airport nicht nur Geschäfte, Reisebüros, Cafés und Restaurants. Beim Bummeln können sie sogar den Flughafenbetrieb auf den 💡 Runways und 💡 Vorfeldern beobachten. Am besten geht das natürlich von der Besucherterrasse aus.

Ooohhh!

Einen tollen Ausblick verspricht die zweistöckige Besucherterrasse auf dem C-Stern des Terminal 1. Hier können Flughafen-Fans die startenden oder landenden Maschinen auf der 💡 Interkontinentalbahn, der großen Start- und Landebahn, verfolgen.

Aaahhh!

Das englische Wort Spotting bedeutet „beobachten". Spotter sind Menschen, deren Hobby das Beobachten und Fotografieren von zum Beispiel Flugzeugen ist. Mit unglaublicher Geduld passen sie den richtigen Moment ab, um Flugzeuge bei der Start- oder Landephase zu fotografieren. Auf der oberen Etage der Besucherterrasse funktioniert das großartig.

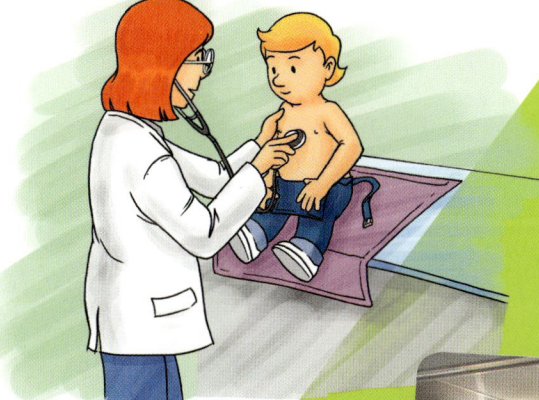

Aua!

Sollte ein Passagier oder Besucher sich nicht wohl fühlen, ist ihm schnell geholfen. Am Flughafen gibt es eine Apotheke und ein Ärztezentrum, in dem ein Arzt und ein Zahnarzt arbeiten. Sie kümmern sich auch am Wochenende um ihre Patienten.

Pssst!

Ein Ort zum Beten und ein Ort, um Ruhe zu finden: In Terminal 2 befindet sich der Gebetsraum, in den sich Menschen unterschiedlicher Glaubensrichtungen zurückziehen können.

Mmmh!

Vor dem Abflug, nach der Ankunft oder bei einem Ausflug an den Flughafen – 20 verschiedene Restaurants und Cafés zaubern Leibspeisen, kleine Snacks und erfrischende kalte oder warme Getränke.

Die Reise beginnt

Wie komme ich ins **Flugzeug?**

Darf da jeder **einfach so** einsteigen?

Wie findet mein Koffer den **richtigen Weg?**

Check-in.
Was bedeutet das?

Darf **mein Hund** auch mitfliegen?

Was passiert an der **Sicherheitskontrolle?**

Warum wird das Gepäck **geröntgt?**

Nur mit Eintrittskarte

Du besuchst den Flughafen nicht nur, um jemanden abzuholen, sondern möchtest selbst verreisen? Dann führt kein Weg am Check-in-Schalter vorbei!

Hier steht der Name des Passagiers. Denn nur er darf mit diesem Ticket fliegen.

Hier geht es hin: nach Antalya in der Türkei.

Bordkarte

Die Bordkarte ist so etwas wie eine Fahrkarte für das Flugzeug. Nur wer eine gültige Bordkarte hat, darf den Sicherheitsbereich passieren und später ins Flugzeug einsteigen. Im Computer kann der Check-in-Mitarbeiter kontrollieren, ob alle für einen Flug angemeldeten Passagiere anwesend sind.

Boarding Pass/Einsteigekarte

PASSENGER	SURMANN/NICOLEMRS	BKGCLS
FLYING FROM	COLOGNE	GATE
TO	ANTALYA	BOARD
ON FLIGHT	X3 354	SEC
DEPARTURE DATE	04NOV	SEAT
DEPARTURE TIME	1500	

Willkommen an Bord.

Die beiden Zeichen, auch „Designator" genannt, sind eine Abkürzung für die Fluggesellschaft. X3 steht für TUIfly.

Der Flug startet am 4. November um 15 Uhr.

354: Das ist die Flugnummer. Sie besteht meistens aus ein bis vier Zahlen und dient der Identifizierung eines Flugs.

Check-in-Schalter ...

Check-in bedeutet soviel wie „Abfertigungsvorgang". Dabei kontrollieren Check-in-Mitarbeiter der Fluggesellschaften die Reisedokumente der Fluggäste und ihre Ausweise. Dann drucken sie die Bordkarte aus und nehmen das Reisegepäck entgegen. Große und schwere Koffer oder Taschen werden vom Check-in-Schalter direkt zum Flugzeug transportiert. Unmittelbar neben dem Check-in-Schalter befindet sich der Anfang eines Förderbands. Hier werden Koffer und Taschen gewogen. Denn jeder Fluggast darf nur eine bestimmte Menge an Gepäck mitnehmen. Dann erhält jedes Gepäckstück ein 💡 Label. Darauf steht, wem der Koffer gehört, in welches Flugzeug er verladen wird und wohin dieses Flugzeug fliegt. Ein Strichcode fasst alle diese Informationen zusammen.

An diesem 💡 Gate wartet das Flugzeug.

Das ist die Uhrzeit, zu der das 💡 Boarding – also das Einsteigen ins Flugzeug – beginnt.

Hier ist der Sitzplatz im Flugzeug angegeben: Reihe 20, Platz F.

Boarding Pass/Einsteigekarte

... noch mehr Check-in

Reisende können ihre Bordkarte auch schon zu Hause über die Internetseite der Fluggesellschaft ausdrucken. Sogar mit dem Smartphone können Passagiere einchecken, ihren Sitzplatz reservieren und eine mobile Bordkarte empfangen. Manche Fluggesellschaften haben am Flughafen auch Check-in-Automaten. Dort tippt der Passagier die Buchungsnummer ein und schon kommt die Bordkarte aus dem Drucker. Wer bereits eine Bordkarte hat, braucht sich nicht in die Warteschlange am Check-in-Schalter einzureihen. Er darf sein Reisegepäck einfach an einem speziellen Schalter, dem 💡 Baggage-Dropoff, abgeben. Dort bekommt der Koffer nur noch ein Label.

Vom Check-in-Schalter fährt der Koffer auf einem Förderband in einen Aufzug, der ihn in die Gepäckhalle bringt.

1

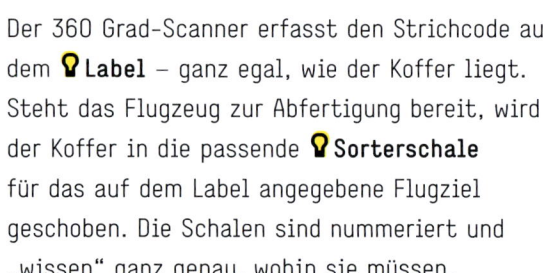

Gepäck: auf Schnellstraßen ins Flugzeug

Fast jeder Passagier, der auf Reisen geht, hat Gepäck dabei. Tag für Tag werden am Köln Bonn Airport mehrere tausend Gepäckstücke abgegeben. Sie müssen so schnell wie möglich sortiert werden, damit sie pünktlich zum Abflug im Laderaum des richtigen Flugzeugs liegen. Zum Glück gibt es dafür eine vollautomatische Gepäckförder- und Sortieranlage. Wie auf Schnellstraßen sausen die Gepäckstücke hier auf Förderbändern durch den Bauch des Flughafens.

4

Der 360 Grad-Scanner erfasst den Strichcode auf dem 💡Label – ganz egal, wie der Koffer liegt. Steht das Flugzeug zur Abfertigung bereit, wird der Koffer in die passende 💡Sorterschale für das auf dem Label angegebene Flugziel geschoben. Die Schalen sind nummeriert und „wissen" ganz genau, wohin sie müssen.

5

Labelscanner

Beim Verladen der Gepäckstücke auf den Gepäckanhänger werden die 💡Labels noch einmal gescannt. Ein Computer gleicht ab, ob alle eingecheckten Koffer und Taschen komplett sind. Erst dann wird das Flugzeug beladen.

An der Zielrutsche kippt die Sorterschale den Koffer aus. Er rutscht dann in das Gepäckfach, in dem alle Koffer für einen Flug landen. Hier wartet schon ein Gepäckdienst-Mitarbeiter und lädt den Koffer auf einen Gepäckwagen. Sind alle Koffer, die eingecheckt wurden angekommen, wird das Gepäck zum wartenden Flugzeug gefahren.

3 Ein großes Röntgengerät durchleuchtet den Koffer. Ein Computer überprüft, ob der Koffer etwas Gefährliches enthält. Er lässt den Koffer automatisch weiterfahren, wenn er in seinem Inneren nichts Verdächtiges entdeckt hat.

2 Weiter geht's! Aus dem Aufzug plumpst der Koffer auf das nächste Förderband und saust blitzschnell weiter zum Sicherheitscheck.

Gepäckleitstand

Die Mitarbeiter des Gepäckleitstands planen, welche Zielrutschen angesteuert werden und wann das Gepäck aufs Vorfeld transportiert wird, damit es im richtigen Flugzeug ankommt. Mit Hilfe des Strichcodes auf dem Label kann jederzeit kontrolliert werden, wo sich ein Koffer gerade befindet.

Hebehilfe

Die pneumatische Hebehilfe erleichtert den Mitarbeitern des Gepäckdienstes die Arbeit. Das Gerät funktioniert wie ein großer Staubsauger – ein Saugarm saugt sich am Gepäckstück fest. So können Gepäckstücke bis 30 Kilogramm ganz leicht auf den Gepäckanhänger gehoben werden.

Gepäckschlepper

Schlepper ziehen die Gepäckwagen zum Flugzeug. Die Schlepper am Köln Bonn Airport sind Hybridfahrzeuge. Das heißt, in der Halle fahren sie mit Elektroantrieb, auf dem Vorfeld mit Dieselmotor.

Tierisch, sperrig oder gefährlich?

Das darf nicht in den Koffer!

Jeans, Turnschuhe, Shampoo, Fußball, Teddy – alles kein Problem! Aber was passiert, wenn der Computer beim Durchleuchten des Reisegepäcks etwas Gefährliches entdeckt? Und wie fliegen eigentlich Tiere?

Falscher Alarm?

Auf dem Weg durch die Gepäcksortieranlage durchleuchtet ein Computer jeden Koffer und jede Tasche. Ein Mitarbeiter untersucht das Röntgenbild ganz genau. Wenn er entscheidet, dass der Koffer überprüft werden muss, wird er vom Band genommen und noch einmal gründlich geröntgt. Wenn auch dabei nicht klar zu erkennen ist, was sich im Koffer befindet, wird der Besitzer des Gepäckstücks ausgerufen und gebeten, den Koffer zu öffnen. Ist der Besitzer nach mehrmaligem Ausrufen nicht auffindbar oder weigert er sich, sein Gepäck zu öffnen, wird der Koffer in einem Sicherheitsraum „gesprengt" – das heißt mit einem harten Wasserstrahl beschossen.

WELTMEISTERWISSEN

Die Gepäcksortieranlage des Köln Bonn Airport besitzt fast **4 Kilometer Transportbänder**, 340 Sorterschalen und transportiert täglich etwa **20.000 Gepäckstücke**. Ein Koffer legt den Weg vom Check-in-Schalter bis zum Gepäckwagen in blitzschnellen vier bis fünf Minuten zurück. In den Sommerferien verlädt der Gepäckdienst am Köln Bonn Airport in sechseinhalb Wochen über **1 Millionen** ankommende und abfliegende **Koffer**. Zusammengerechnet wiegen diese Koffer **22.500 Tonnen**, so viel wie **4.500 Elefanten!**

Zu groß!

Manche Gepäckstücke sind größer als Koffer oder Reisetaschen. Dieses so genannte „Sperrgepäck" dürfen Passagiere auch im Flugzeug mitnehmen. Dinge wie Surfbretter, Kinderwagen, Fahrräder oder Roller werden am Sperrgepäckschalter abgegeben. Von dort bringt sie ein Mitarbeiter in die Gepäckhalle. Denn für die Gepäckförderanlage sind sie zu sperrig!

„Wir von der Bundespolizei sind für die grenzpolizei-
liche Ein- und Ausreisekontrolle zuständig. Also für das
Prüfen der Ausweispapiere und Visa, aber auch für die
Sicherheitskontrolle von Gepäck und Handgepäck.
Wir tragen eine große Verantwortung, denn wir
sorgen dafür, dass alle Passagiere und auch
die 🔑 Crew sicher reisen."

Steffi, Bundespolizei Köln Bonn Airport

Ziemlich zickig!

Ein Passagier wollte eine
Ziege, die er an der Leine
führte, am Gepäckschalter
abgeben. Das Tier war für
seine Tochter als Hochzeitsgeschenk, naja eigentlich
als Festmahl, gedacht.
Ohne Transportbox durfte
die Ziege aber nicht reisen
und der Passagier wurde
samt Hochzeitsgeschenk
nach Hause geschickt.
Die Ziege war vermutlich
ziemlich froh ...

KURIOSES

Schon gewusst?

Nagetiere dürfen nicht im
Flugzeug verreisen. Sie könnten
entwischen und an wichtigen
Kabeln knabbern ...

Luke muss mit!

Du möchtest Deinen Hund im Flugzeug mitnehmen? Dann musst
Du bestimmte Dinge beachten: Wenn Luke ein großer Hund ist,
reist er in einer Transportbox im Laderaum des Flugzeugs.
Vorher wird er bei der Fluggesellschaft angemeldet, damit der
Pilot den Laderaum heizen kann. Auf Reiseflughöhe beträgt die
Außentemperatur nämlich oft weniger als minus 50 Grad
Celsius! Da wird es auch im Laderaum kalt und Luke würde
erfrieren. Am Sperrgepäckschalter steigt Luke in seine
Transportbox und ein Mitarbeiter des Gepäckdienstes bringt ihn
direkt zum Flugzeug. Wenn Luke ein kleiner Hund ist, darf er in
einer Box oder Tasche mit Dir in der Flugzeugkabine reisen.

Gigantisch!

Große Tiere wie Pferde, Kühe
oder Giraffen reisen mit ihren
Betreuern in speziell dafür
ausgestatteten Containern in
Frachtflugzeugen. Für sie gibt
es im 🔑 Cargobereich des
Flughafens Ställe, Fachpersonal
und sogar einen Tierarzt.

Sicherheit geht vor!

Das Gepäck saust durch die Gepäcksortieranlage. Jetzt wird es für die Passagiere Zeit, zur Sicherheitskontrolle zu gehen. Dort wird überprüft, ob niemand gefährliche Gegenstände im Handgepäck bei sich hat. Dass Reisende kein großes Messer mitnehmen dürfen, kannst Du Dir sicher denken. Aber wusstest Du, dass Du auch keine Stricknadeln oder Spielzeugpistolen und auch keine Getränkeflaschen dabei haben darfst?

So läuft die Sicherheitskontrolle ab:

1 Am Anfang eines kleinen Förderbands bekommt jeder Passagier eine Plastikwanne. Hier werden Taschen, Kuscheltiere, Rucksäcke, Jacken, Gürtel, Handys und alle Gegenstände, die Metall enthalten, hineingelegt. Dann wird die Wanne auf das Förderband gestellt.

2 Jetzt bittet ein Sicherheitsbeamter jeden Passagier, durch die Sicherheitsschleuse zu gehen. Kleinere Kinder gehen zusammen mit ihren Eltern. Die Sicherheitsschleuse, die aussieht wie ein Türrahmen, ist ein Metalldetektor. Trägt jetzt noch jemand Metall am Körper, ertönt als Kontrollsignal ein Piepston.

3 Piiieeep! Wo genau sich das Metall befindet, das den Piepston auslöst, findet ein Sicherheitsmitarbeiter mit einem tragbaren Metalldetektor heraus. Damit tastet er den Passagier ab.

4

Während der Passagier durch den Metalldetektor geht, wird sein Handgepäck auf dem Förderband durch ein Röntgengerät gefahren. Dort wird es mit Röntgenstrahlen durchleuchtet. Röntgenstrahlen sind, genau wie Licht, elektromagnetische Strahlen. Nur sind sie so viel stärker, dass sie etliche Materialien durchdringen können. Unterschiedliche Materialien nehmen die Röntgenstrahlen unterschiedlich auf. So kommt es, dass auf dem Monitor, der den Inhalt der durchleuchteten Tasche zeigt, organische, anorganische und metallische Materialien unterschieden werden. Da die meisten Sprengstoffe organischen Ursprungs sind, werden organische Materialien orange abgebildet. So erkennen die speziell ausgebildeten Sicherheitskräfte verdächtige Gegenstände sofort.

5

Der Teddy hat keine Stricknadeln dabei? Prima! Nach dem Durchleuchten bekommt der Besitzer sein Kuscheltier zurück.

Von Kopf bis Fuß

Statt durch die Sicherheitsschleuse können Fluggäste am Köln Bonn Airport seit November 2014 auch durch einen Körperscanner gehen. Auf einem Monitor erscheint dann ein so genanntes Piktogramm – also eine Art Strichmännchen. Verdächtige Gegenstände erscheinen auf dem „Strichmännchen" als gelbe Fläche.

Jetzt dauert es nicht mehr lange! Nach der Sicherheitskontrolle darf der Passagier direkt zum ♀ Gate gehen, wo das Flugzeug schon wartet. Von hier aus lässt sich oft auch schon das ♀ Vorfeld sehen und beobachten, was rund ums Flugzeug passiert.

Vor dem Start

Was ist eine **Fluggesellschaft?**

Welche **Aufgaben** hat ein **Pilot?**

Wie wird ein Flugzeug **startklar** gemacht?

Wo hat ein **Flugzeug** den **Tank?**

Wer kocht das **Essen**, das es unterwegs gibt?

Viel los am Flieger!

Es ist ein Wettlauf mit der Zeit. Sobald eine Maschine nach der Landung ihre Parkposition erreicht hat und mit Bremsklötzen gesichert ist, läuft die Uhr: In nur 30 bis 45 Minuten geht ein Flugzeug mit neuen Passagieren, neuem Gepäck, neuem 💡Catering und frisch betankt wieder an den Start. Das ist nur möglich, wenn auf dem 💡Vorfeld alle gut zusammenarbeiten. Hier siehst Du, was in dieser „heißen" halben Stunde alles rund um den Flieger los ist.

Catering

Auf einem Flug gibt es meistens etwas zu essen. Dieses Essen heißt Bordverpflegung oder auch „Catering". Das Catering wird von Firmen angeliefert, die das Essen extra für Fluggesellschaften herstellen. LSG, der weltgrößte Anbieter von Airline-Catering betreibt sogar eine eigene Küche am Köln Bonn Airport. Das Essen wird in kleinen Rollwagen, den Flugzeugtrolleys, geliefert. Sie sind einzeln verplombt und werden mit Trockeneis gekühlt.

Koffer

Ein Ferienflieger hat etwa 150 bis 170 Gepäckstücke an Bord. Die orange gekleideten Lader – pro Flugzeug sind in der Regel ein Oberlader und zwei Lader im Einsatz – sind dafür zuständig, dass das Flugzeug möglichst schnell be- und entladen wird. Die Gepäckstücke gelangen über ein Förderband in den „Belly", den Laderaum. 💡Belly ist übrigens das englische Wort für Bauch.

Tankdienst

Bis zu 3.000 Liter 💡Kerosin pro Minute pumpt der Tankwagen in die Flugzeugtanks, die sich in den Tragflächen befinden. Getankt wird immer so viel Kerosin, dass das Flugzeug problemlos noch weitere 20 Minuten in der Luft bleiben oder einen Ausweichflughafen ansteuern könnte, falls eine Landung am Zielflughafen nicht zur geplanten Zeit möglich ist. Aus Sicherheitsgründen hat der Tankwart einen „Totmann"-Knopf in der Hand, den er alle 30 Sekunden drückt. Sollte der Tankwart aus irgendeinem Grund nicht mehr drücken, hört der Kerosinfluss auf.

Stromversorgung

Ein Flugzeug braucht Strom. Zum Beispiel für die Bordelektronik, die Klimaanlage und für Licht. Die Ground Power Unit (GPU) ist ein mit Heizöl betriebener Generator. Er produziert den Strom für den abgestellten Flieger. Das Kabel der GPU wird in eine „Steckdose" unter dem Flugzeugrumpf eingestöpselt. Sobald Strom fließt, leuchten die roten Lampen an der GPU.

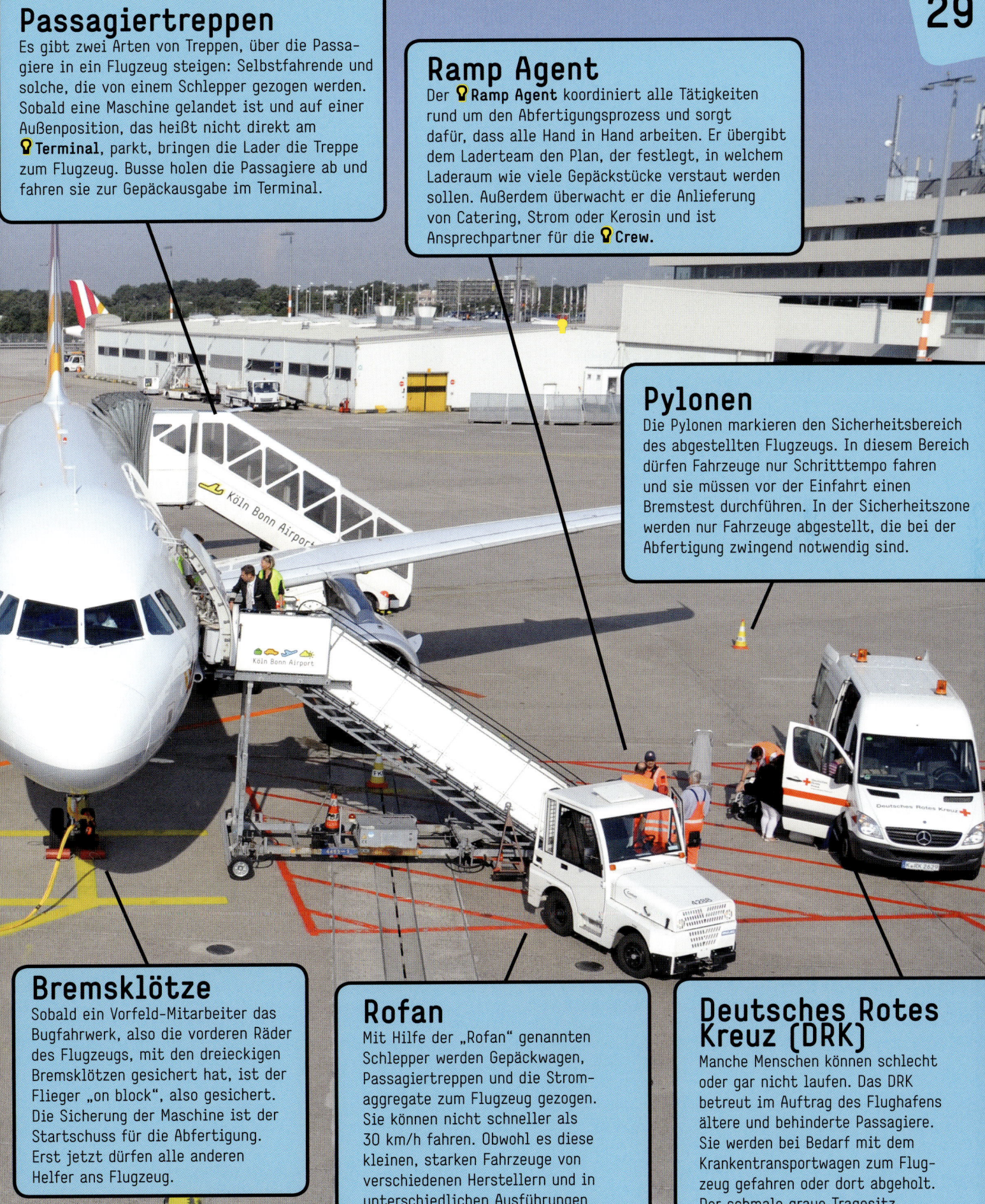

Passagiertreppen

Es gibt zwei Arten von Treppen, über die Passagiere in ein Flugzeug steigen: Selbstfahrende und solche, die von einem Schlepper gezogen werden. Sobald eine Maschine gelandet ist und auf einer Außenposition, das heißt nicht direkt am ♀ Terminal, parkt, bringen die Lader die Treppe zum Flugzeug. Busse holen die Passagiere ab und fahren sie zur Gepäckausgabe im Terminal.

Ramp Agent

Der ♀ Ramp Agent koordiniert alle Tätigkeiten rund um den Abfertigungsprozess und sorgt dafür, dass alle Hand in Hand arbeiten. Er übergibt dem Laderteam den Plan, der festlegt, in welchem Laderaum wie viele Gepäckstücke verstaut werden sollen. Außerdem überwacht er die Anlieferung von Catering, Strom oder Kerosin und ist Ansprechpartner für die ♀ Crew.

Pylonen

Die Pylonen markieren den Sicherheitsbereich des abgestellten Flugzeugs. In diesem Bereich dürfen Fahrzeuge nur Schritttempo fahren und sie müssen vor der Einfahrt einen Bremstest durchführen. In der Sicherheitszone werden nur Fahrzeuge abgestellt, die bei der Abfertigung zwingend notwendig sind.

Bremsklötze

Sobald ein Vorfeld-Mitarbeiter das Bugfahrwerk, also die vorderen Räder des Flugzeugs, mit den dreieckigen Bremsklötzen gesichert hat, ist der Flieger „on block", also gesichert. Die Sicherung der Maschine ist der Startschuss für die Abfertigung. Erst jetzt dürfen alle anderen Helfer ans Flugzeug.

Rofan

Mit Hilfe der „Rofan" genannten Schlepper werden Gepäckwagen, Passagiertreppen und die Stromaggregate zum Flugzeug gezogen. Sie können nicht schneller als 30 km/h fahren. Obwohl es diese kleinen, starken Fahrzeuge von verschiedenen Herstellern und in unterschiedlichen Ausführungen gibt, werden sie in der Flughafensprache alle „Rofan", nach dem bekanntesten Hersteller, genannt.

Deutsches Rotes Kreuz (DRK)

Manche Menschen können schlecht oder gar nicht laufen. Das DRK betreut im Auftrag des Flughafens ältere und behinderte Passagiere. Sie werden bei Bedarf mit dem Krankentransportwagen zum Flugzeug gefahren oder dort abgeholt. Der schmale graue Tragesitz ermöglicht es den Helfern, einen Passagier an Bord zu tragen.

Fertigmachen zum Abheben

Während die Passagiere aufs ♀ Boarding warten und noch gemütlich ein Eis essen oder in einer Zeitschrift blättern, wird der Flug vorbereitet: Der Tankwagen kommt, flinke Mitarbeiter laden das Gepäck ins Flugzeug, überprüfen die Maschine und reinigen die Flugzeugkabine. Alle Arbeiten, die das Flugzeug für den Start vorbereiten, nennt man Flugzeugabfertigung oder „Ground Handling". Auch die ♀ Crew des Flugzeugs hat vor dem Start noch allerhand zu tun.

Absprachen

Eine Stunde vor dem Start trifft sich die Crew zu einer Besprechung – dem „Briefing": Wer arbeitet in welchem Teil des Flugzeugs? Wer kümmert sich ums ♀ Catering? Und kennen sich alle mit den Sicherheitsbestimmungen aus?

Alles unter Kontrolle

Die Piloten machen den so genannten „Trip-Check" im Inneren des Flugzeugs. Das heißt, sie stellen sicher, dass alle Instrumente funktionieren. Die Flugbegleiter kontrollieren, ob das Flugzeug sauber ist, und ob genügend Essen und Getränke an Bord sind. Vor jedem Flug überprüfen sie außerdem das Emergency Equipment (Sauerstoffmasken, Schwimmwesten und Verbandszeug). Sind alle Vorbereitungen abgeschlossen, informiert der Flugkapitän den ♀ Ramp Agent, dass die Fluggäste einsteigen dürfen.

Arbeitsteilung

Auf jedem Flug gibt es zwei Piloten, den Kapitän und den Kopiloten. Vor dem Start informieren sie sich über die Strecke und besprechen, wer das Flugzeug fliegt. Gemeinsam schauen sie sich den Wetterbericht an: Wie entwickeln sich Wetter, Sicht und Windverhältnisse auf ihrer geplanten Strecke und am Zielflughafen? Die Piloten brauchen die Wetterdaten auch, um zu planen, wie viel 💡Kerosin benötigt wird. Bei Gegenwind braucht das Flugzeug mehr Kerosin. Während eines Flugs sind die Aufgaben zwischen den beiden ganz klar verteilt: Einer fliegt, der andere assistiert.

Rechenkünste

Für die Berechnung der Kerosinmenge spielt auch das Gewicht des geladenen Gepäcks eine Rolle. Je schwerer das Flugzeug ist, desto mehr Treibstoff benötigt es. Hat es jedoch zu viel Kerosin getankt, ist es schwerer als nötig. Ist der Tank dagegen nicht voll genug, reicht der Treibstoff vielleicht nicht aus. Aber keine Sorge, der Pilot berechnet ganz genau, wie viel er tanken muss, damit für alle Fälle genug Kerosin im Tank ist. Die ermittelte Treibstoffmenge gibt der Pilot dem Ramp Agent durch.

Von außen betrachtet

Vor jedem Flug untersuchen die Piloten beim so genannten „Outside-Check" das Flugzeug von außen. Sie schauen nach Schäden in der Flugzeughaut, kontrollieren Räder, Bremsen, Tragflächen, Triebwerke und die Ölversorgung der Motoren. Sollte ein Defekt vorliegen, rufen sie einen Techniker.

Guten Appetit!

Ein Brötchen? Einen Orangensaft oder vielleicht etwas Süßes? Während Du mit dem Flugzeug unterwegs bist, musst Du auf Essen und Trinken nicht verzichten. Besondere Hersteller von Flugzeugessen statten die Flugzeuge vor dem Start mit Speisen und Getränken aus. Dieses Flugzeugessen nennt man 💡 Catering. Auf langen Flügen gibt es sogar warmes Essen. Bevor die Mahlzeiten ins Flugzeug gelangen werden sie ganz frisch hergestellt. Am Köln Bonn Airport gibt es dafür eine perfekt ausgestattete Großküche. Schauen wir doch mal hinter die Kulissen:

1 Früh morgens liefern LKW Obst, Gemüse, Eier, Fleisch und Fisch. Mitarbeiter der Warenannahme überprüfen, ob alles schön frisch und lecker ist.

3 In der „warmen Küche" sind viele Köche am Werk und zaubern leckere Hauptmahlzeiten.
In der „kalten Küche" werden Salate, Vorspeisen, Sandwiches und Nachspeisen hergestellt.

4 Sobald das Essen – egal ob kalt oder warm – fertig ist, wird es verpackt und sofort wieder in ein Kühlhaus gebracht.

5 An der Rampe stellen Mitarbeiter die 💡 **Trolleys** für den Flug zusammen. „Trolleys" nennt man die kleinen Rollcontainer, in denen Essen und Getränke später an Bord des Flugzeugs gebracht werden. Jeder Trolley wird noch einmal überprüft. Ist alles drin? Auch das Spezialessen? Gut, dann können die Trolleys in den Hubwagen geladen werden, der sie zum Flugzeug bringt.

2 Die angelieferte Ware wird in einem Kühlhaus zwischengelagert.

6 Im Flugzeug nimmt der zuständige Flugbegleiter die Trolleys entgegen, schiebt sie in die Bordküche und sichert sie mit einer Bremse, damit sie nicht wegrollen. Wenn das Flugzeug nach dem Start seine Reisehöhe erreicht hat, schieben die Flugbegleiter die Trolleys durch den Flieger und verteilen Speisen und Getränke.

Für jeden Geschmack

Bist Du Vegetarier, verträgst Du keinen Milchzucker oder möchte Dein kleiner Bruder ein Kindermenü? Kein Problem! Wer bei der Buchung mitteilt, was er essen möchte, bekommt ein Spezialgericht.

Endlich ist es soweit!

Sind alle Vorbereitungen für den Start des Flugzeugs getroffen, hat die Wartezeit ein Ende. Schnell den Saft austrinken und noch mal zur Toilette, denn gleich geht es los! Das ♀ Boarding beginnt in wenigen Minuten. Dann dürfen die Passagiere ins Flugzeug einsteigen. Das Bodenpersonal der Fluggesellschaft macht sich am Ausgang bereit, um die Bordkarten zu kontrollieren.

Vom ♀ Gate aus können die Passagiere direkt aufs Vorfeld schauen und beobachten, wie ihr Flieger startklar gemacht wird. So vergeht die Wartezeit wie im Flug!

Immer der Reihe nach

Bei großen Fliegern dürfen diejenigen, die weiter hinten sitzen und Familien mit Kindern meistens zuerst an Bord. Das Bodenpersonal, Mitarbeiter der Fluggesellschaft, die nicht im Flugzeug, sondern im ♀ Terminal arbeiten, kontrolliert am Ausgang die Bordkarte jedes Passagiers. So überprüfen sie, ob alle angemeldeten Fluggäste da sind. Hat der letzte Fluggast das Gate verlassen, heißt es „Boarding completed!". Jetzt wissen der Flugkapitän, der ♀ Purser und der ♀ Ramp Agent, dass keine weiteren Passagiere mehr einsteigen. Das Boarding ist offiziell beendet, sobald der Kapitän die Anweisung gibt, die Flugzeugtüren zu verriegeln.

Keiner bleibt alleine: Hilfsbedürftige Menschen, die sich nicht selbstständig durch das Flughafengebäude bewegen können, erhalten vom Deutschen Roten Kreuz (DRK) Unterstützung.

Dürfen Kinder auch alleine fliegen?

Na klar! Wenn Du unter zwölf Jahren bist und ohne Deine Eltern zum Beispiel zur Oma in die Türkei verreist, bekommst Du Unterstützung von der Fluggesellschaft, mit der Du fliegst. Am Check-in-Schalter erhältst Du einen Umhängebeutel für Deine Bordkarte und Deinen Ausweis. Dann begleitet Dich ein Mitarbeiter der Fluggesellschaft durch die Sicherheitskontrolle und das Gate bis zum Flieger. An manchen Flughäfen dürfen das auch die Eltern machen. Sobald das Boarding beginnt, kümmert sich jemand von der ♀ Crew um Dich. Nach der Landung an Deinem Zielflughafen wirst Du vom Bodenpersonal abgeholt und bis zum Ausgang begleitet, wo Deine Oma bestimmt schon auf Dich wartet.

Starten und Landen

Wo **parkt** eigentlich
mein Flugzeug?

Wie funktioniert
das mit dem
Einsteigen?

Wer sagt,
wann ein Flugzeug
starten oder
landen darf?

Was ist eine
Querwindbahn?

Warum müssen Flugzeuge
beim **Starten Abstand**
voneinander halten?

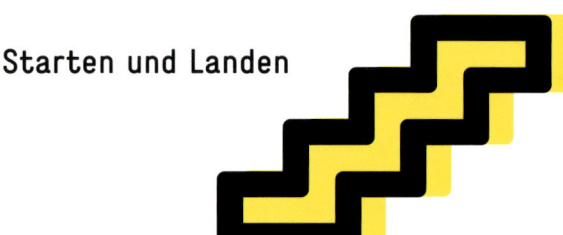

Viele Wege führen ins Flugzeug

Sind die Vorbereitungen rings um das Flugzeug abgeschlossen, gehen die Türen am ♀ Gate auf. Die Passagiere nehmen ihr Handgepäck und gehen durch die Kontrolle. Jetzt dauert es nicht mehr lange, bis das Flugzeug startet. Auch Du kannst es wahrscheinlich kaum noch abwarten und möchtest so schnell wie möglich einsteigen. Doch wie kommst Du zum Flugzeug? Da gibt es verschiedene Möglichkeiten, je nachdem, wo der Flieger in seiner ♀ Parkposition steht.

Ausziehbare Fluggastbrücke: ♀ Finger verbinden das Gate direkt mit dem Flugzeug.

Durch den Finger

Flugzeuge, die direkt am ♀ Terminal parken, betreten die Passagiere durch den so genannten „Finger".

Mit dem Bus

Am Flugzeug steigen alle Passagiere aus dem Bus und dann über die Treppen ins Flugzeug.

Über die Brücke

Am Terminal 1 des Köln Bonn Airport gibt es drei feste Fluggastbrücken. Durch diese gläsernen Gänge gelangen die Fluggäste entweder direkt zum Flugzeug oder laufen die Treppen hinunter auf das ♀ Vorfeld. Hier steigen sie direkt in das Flugzeug oder in einen Zubringerbus. Die festen Fluggastbrücken dienen außerdem als Notausgänge für den Terminal.

Über die Treppe

Es gibt Treppen, die von einem Fahrzeug zum Flieger geschoben werden und selbstfahrende Treppen, die einen eigenen Motor besitzen.

Parkt das Flugzeug weiter entfernt vom Terminal, bringt ein Vorfeldbus die Reisenden bis zur ♀ Gangway, der Passagiertreppe.

Für den Transport von gehbehinderten Passagieren zu Flugzeugen, die weiter entfernt vom Terminal parken, gibt es ein Liftmobil. Das ist ein spezielles Fahrzeug für Rollstuhltransporte. Die Passagiere im Liftmobil dürfen meist zuerst in das Flugzeug steigen.

Willkommen an Bord!

Handgepäck verstauen, hinsetzen und dann kann es bald losgehen. Vorher hat die Kabinencrew aber noch ein paar wichtige Informationen für alle Passagiere.

1 „Willkommen an Bord!" Gleich im Eingang des Flugzeugs stehen nette Flugbegleiter und heißen die Passagiere willkommen.

2 Ein Blick auf die Bordkarte reicht und der Passagier weiß, auf welchem Platz er sitzt: Reihe 7, Platz A, direkt am Fenster.

3 Oberhalb der Sitze sind die „Locker", die Gepäckfächer. Hier hinein legen die Passagiere ihre Handgepäckstücke wie Rucksäcke, Jacken oder Aktenkoffer. Vor dem Start überprüfen die Flugbegleiter, ob die Locker gut verschlossen sind, damit nichts herunterfällt. Schwere Taschen sind beim Start unter dem Sitz des Vordermanns gut aufgehoben.

4

Alle Passagiere und die  **Crew** müssen sich während der Start- und Landephase anschnallen.

5

Während das Flugzeug zur Startbahn rollt, erklärt die Kabinencrew wie sich die Passagiere bei einem Notfall verhalten sollten. Diese Sicherheitsdemonstration ist Pflicht, auch wenn Notfälle nur sehr, sehr selten vorkommen.

6

Die Flugbegleiter zeigen zum Beispiel wie die Sauerstoffmasken funktionieren, die die Reisenden brauchen, falls der Druck in der Kabine sinkt. Und: Wo sich die Notausgänge befinden.

Dann heißt es: READY FOR DEPARTURE – Fertig zum Start!

1

Der Pilot nimmt Kontakt zum ♀ **Tower** auf und bittet um Erlaubnis, die Triebwerke starten zu dürfen. Der Tower überprüft die Flugroute, die bereits im Computer eingegeben ist und gibt die Erlaubnis zum Pushback.

Auf die Plätze ...

Alle Passagiere sind angeschnallt. Jetzt geht es los zur Startbahn. Um dort überhaupt hinrollen zu können, benötigt ein Flugzeug erst einmal Hilfe. Es hat nämlich keinen Rückwärtsgang. Deshalb kann es seine ♀ Parkposition nicht selbst verlassen. Ein kleines kräftiges Fahrzeug, der Flugzeugschlepper, schiebt es rückwärts. Diesen Vorgang nennt man ♀ Pushback. Das ist englisch und bedeutet „zurückschieben". Der ♀ Schlepper schiebt das Flugzeug rückwärts, bis es auf dem ♀ Taxiway steht. Jetzt kann es aus eigener Kraft vorwärts zur Startbahn rollen.

2

Der Flugzeugschlepper fährt vor den Flieger, umgreift sein Bugrad, hebt es an und schiebt das Flugzeug rückwärts aus der Parkposition. Manche Schlepper arbeiten auch mit einer Schleppstange.

4

Der Rollverkehrslotse im Tower sagt dem Piloten, über welchen Weg er zum Startbahnkopf rollen soll. Der Pilot schaltet die Scheinwerfer an und rollt los.

5

An der Wartelinie hält der Pilot erneut und bittet um Starterlaubnis.

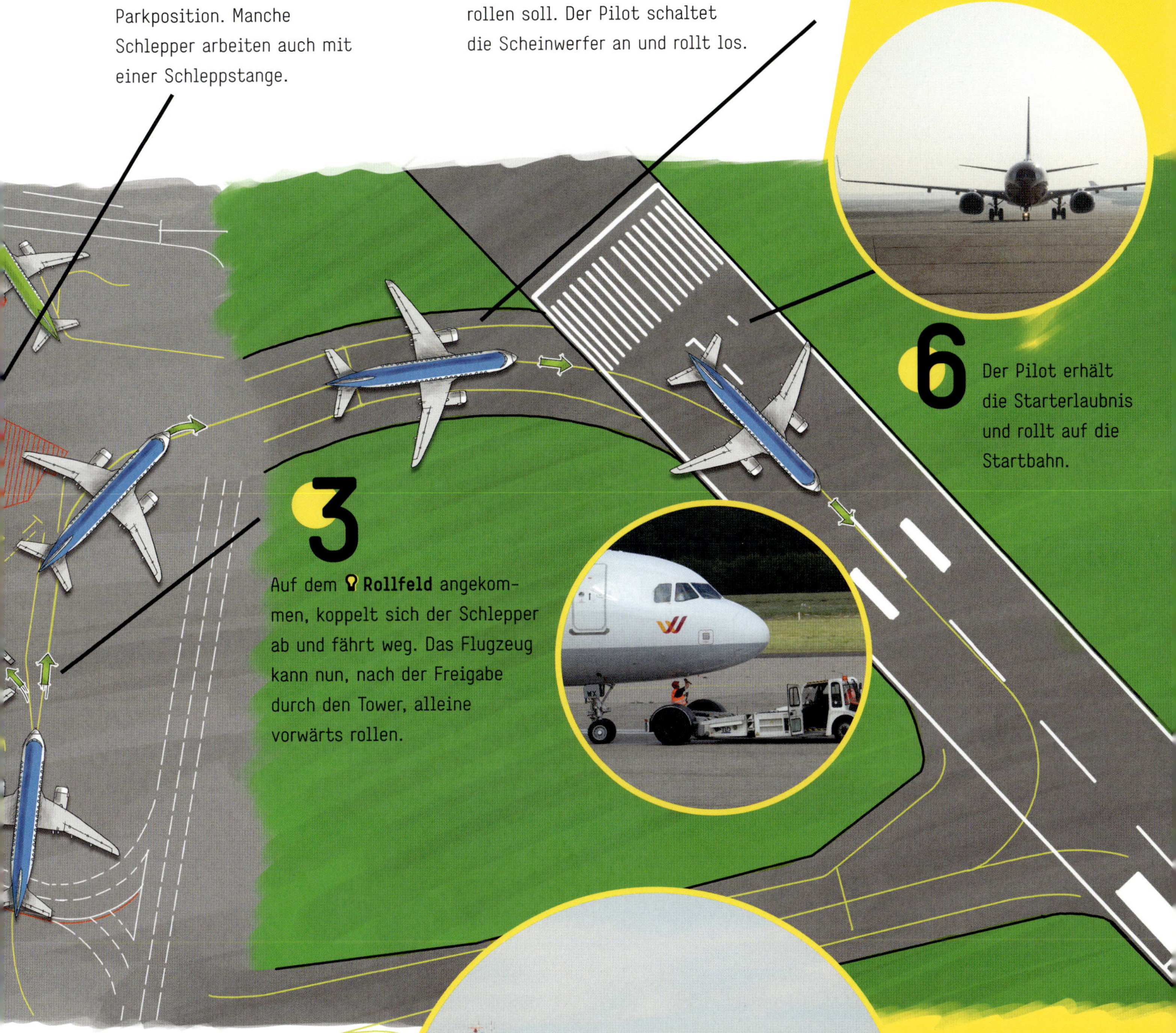

6

Der Pilot erhält die Starterlaubnis und rollt auf die Startbahn.

3

Auf dem ♀ **Rollfeld** angekommen, koppelt sich der Schlepper ab und fährt weg. Das Flugzeug kann nun, nach der Freigabe durch den Tower, alleine vorwärts rollen.

7

Jetzt heißt es Vollgas geben und abheben!

Wind & Wirbel

Flugzeuge starten und landen am Köln Bonn Airport von einem ausgeklügelten Startbahnsystem. Eines brauchen sie übrigens zum Abheben nie: Rückenwind. Ganz im Gegenteil!

Wetterfest!

Das Start- und Landebahnsystem am Köln Bonn Airport ermöglicht, dass Flugzeuge bei allen Windverhältnissen abheben und landen können. Die meisten Flugzeuge nutzen die 3.815 m lange ⚲ **Interkontinentalbahn** und wechseln auf die ⚲ **Querwindbahn**, sobald sich der Wind dreht.

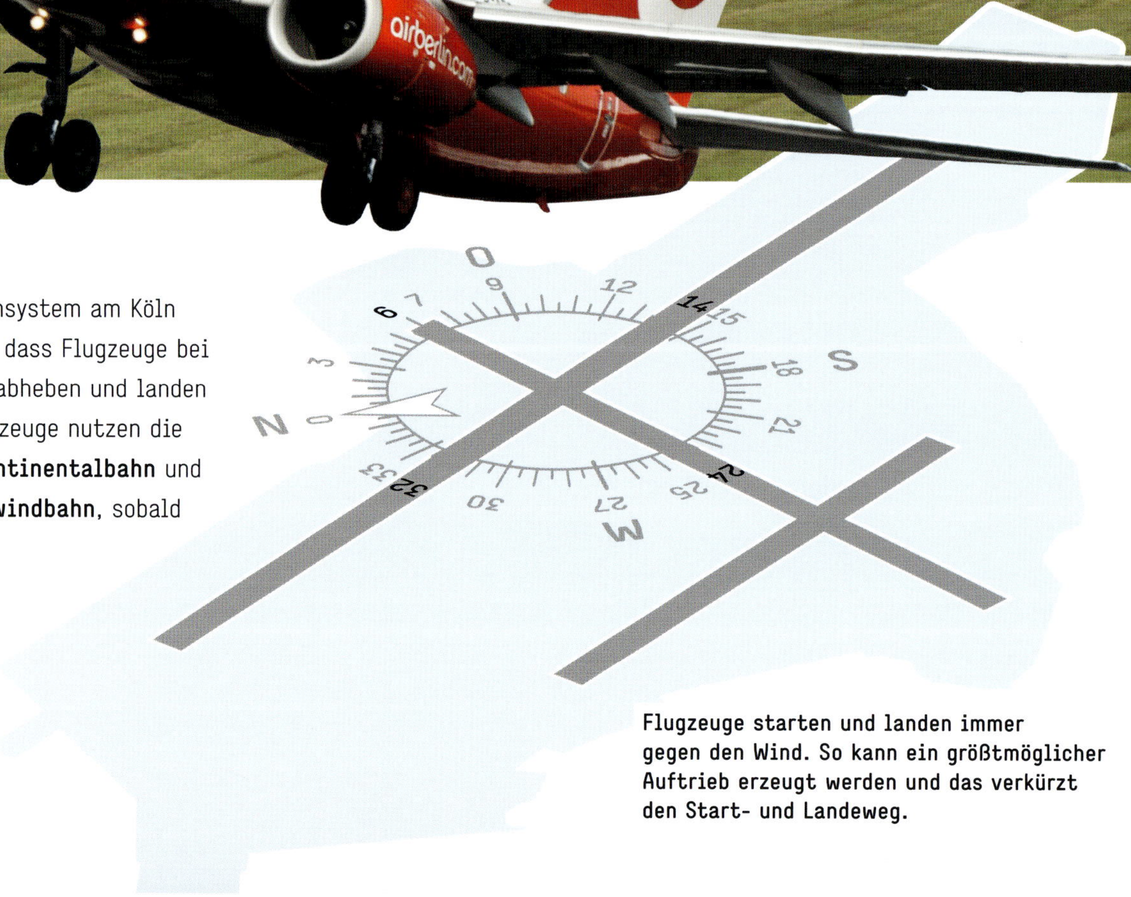

Flugzeuge starten und landen immer gegen den Wind. So kann ein größtmöglicher Auftrieb erzeugt werden und das verkürzt den Start- und Landeweg.

Durchstarten!

Kurz vor der Landung ändert sich unerwartet das Wetter und es liegt Nebel über der Landebahn. Oder: Plötzlich gibt es Rückenwind, vielleicht sogar Windböen von der Seite. All das kann den Landeanflug empfindlich stören. Auch eine Warnung vom 💡 **Tower**, dass zum Beispiel ein anderer Flieger noch den 💡 **Runway** besetzt, führt manchmal zu einem Landeabbruch. Dann heißt es durchstarten! Einer der Piloten ruft „Go Around!" – was soviel heißt wie „Noch eine Runde!" – und schon geht es los: Der Pilot gibt Gas, das Flugzeug startet noch einmal durch und fliegt eine Extrarunde, um dann etwas später sicher zu landen. Das Durchstarten haben Pilot und Kopilot oft am 💡 **Flugsimulator** geübt.

Abstand halten!

Hinter jedem fliegenden Flugzeug entstehen starke Luftwirbel. Sie bilden sich durch den Auftrieb, der an den Tragflächen erzeugt wird. Diese sich aufeinander zudrehenden Wirbel nennt man „Wirbelschleppen". Je größer und schwerer das Flugzeug ist, desto größer ist auch die Wirbelschleppe, die es erzeugt. Wirbelschleppen sind gefährlich für nachfolgende Flugzeuge. Denn die unsichtbaren Luftwirbel können dafür sorgen, dass das nächste startende Flugzeug zu wenig Auftrieb bekommt. Den braucht es aber zum Starten unbedingt. Bis eine Wirbelschleppe sich aufgelöst hat, dauert es einige Minuten. Deshalb müssen die Piloten einen Sicherheitsabstand zu Flugzeugen einhalten, die ihnen vorausfliegen.

Die so genannten „Winglets" am Ende der Tragflächen verringern den Luftwiderstand und sorgen so für einen geringeren Treibstoffverbrauch.

Um die normalerweise unsichtbaren Wirbelschleppen darzustellen, hat das Deutsche Zentrum für Luft- und Raumfahrt (DLR) die Luft hinter einem Forschungsflugzeug mit Rauch und Farbpartikeln sichtbar gemacht.

Bereit zur Landung

Etwa eine halbe Stunde vor der geplanten Landung beginnt der Sinkflug und alle Passagiere schnallen sich wieder an. Der Pilot holt beim ♀ Tower die Landeerlaubnis ein. Dann fährt er die Landeklappen und das Fahrwerk aus. Kurze Zeit später kommt auch schon die Landebahn in Sicht. Bereits in der Luft wird das Flugzeug abgebremst. Wenn es auf der Landebahn aufgesetzt hat – es rumpelt kurz, manchmal quietschen auch die Reifen –, bremst der Pilot auf 30 km/h ab.

Von der Landebahn biegt das Flugzeug auf den ♀ Taxiway. Dort holt es ein Bodenlotse, der ♀ Marshaller, ab. Ist die Entfernung zur ♀ Parkposition größer, fährt der Marshaller in seinem ♀ Follow-me-Fahrzeug vorweg und lotst das Flugzeug bis zur Parkposition, die ihm die Verkehrszentrale im Vorfeldtower zuvor durchgegeben hat.

Der Marshaller signalisiert dem Piloten mit Handzeichen die endgültige Parkposition. Dabei benutzt er meistens leuchtende Stäbe oder orangefarbene Kellen, die der Pilot gut sehen kann.

Das sagt der Marshaller zum Piloten:

Der Marshaller bewegt die Arme seitlich auf und ab:
„Bitte vorwärts rollen!"

Der Marshaller bewegt den linken Arm seitlich auf und ab:
„Bitte Flugzeug nach links drehen!"

Der Marshaller hebt beide Signalkellen und dreht die rechte hin und her:
„Bitte den Motor starten!"

Der Marshaller bewegt den rechten Arm seitlich auf und ab:
„Bitte Flugzeug nach rechts drehen!"

Der Marshaller überkreuzt die Kellen über seinem Kopf:
„Stopp!"

Der Marshaller bewegt die rechte Hand waagerecht auf Schulterhöhe hin und her:
„Bitte den Motor ausstellen!"

Arbeiten am Flughafen

Wer arbeitet am **Flughafen?**

Wer **repariert** die **Runways?**

Wofür werden **Zollhunde** eingesetzt?

Was macht ein **Bird Controller?**

Wieso gibt es am Köln Bonn Airport **Bienen?**

Ein starkes Team

Am Köln Bonn Airport arbeiten viele Menschen und es gibt jede Menge unterschiedliche Berufe. Klar, von Piloten, Fluglotsen oder Tankwagenfahrern hast Du bestimmt schon gehört. Aber kennst Du auch den Triebwerksprüfer oder den Bird Controller? Und wusstest Du, dass jeder Flughafen eine eigene Feuerwehr hat?

Piloten ...

... steuern die Flugzeuge. In einem großen Flugzeug sitzen immer zwei Piloten: Einer fliegt das Flugzeug, der andere kümmert sich um die Instrumente und den Funkverkehr. Wer Pilot werden will, lernt zuerst kleinere Flugzeuge zu fliegen. Sobald ein Pilot genug Erfahrung gesammelt hat, lernt er in einem 💡 **Flugsimulator** die größeren Maschinen kennen. Danach darf er zuerst als Kopilot und später als Pilot die ganz großen Flugzeuge fliegen.

Fluglotsen ...

... regeln den Luft- und Bodenverkehr am Flughafen. Ihre Aufgabe ist es, Zusammenstöße zu vermeiden und dafür zu sorgen, dass der Flugbetrieb ohne Störungen oder Behinderungen abläuft.

Lärmschutz-beauftragte ...

... messen den Lärm, der durch an- und abfliegende Flugzeuge entsteht. Sie kümmern sich um Maßnahmen, die diesen Lärm verringern. Die Lärmschutz-Abteilung des Köln Bonn Airport arbeitet an Forschungsprogrammen mit, die zum Beispiel leisere Anflugverfahren entwickeln.

Schäfer ...

... betreiben mit ihrer Schafherde Landschaftspflege. Die Heidefläche rund um den Köln Bonn Airport wird von Schafen und anderen Tieren vor dem Zuwachsen bewahrt. So leisten der Schäfer und seine vierbeinigen Helfer täglich aktiv Naturschutz.

Fluggerätemechaniker ...

... bauen Flugzeuge, Hubschrauber und sogar Raketen für die Raumfahrt zusammen, überprüfen oder reparieren sie. Es gibt in diesem Beruf Experten für Triebwerke, Instandhaltung und den Bau von Flugzeugen.

Bundespolizisten ...

... sind am Flughafen dafür zuständig, Passagiere und Gepäck zu kontrollieren. Die Bundespolizei passt auf, dass Passagiere keine gefährlichen Gegenstände wie Waffen oder Sprengstoff in das Flughafengebäude oder das Flugzeug mitnehmen. Finden sie etwas, dürfen sie sofort Maßnahmen ergreifen: Verbotene Gegenstände werden sichergestellt und, wenn nötig, entschärft.

„Feuerwehrfrauen gibt es eher selten, ich weiß. Für meine männlichen Kollegen ist das aber mittlerweile total normal. Im Löschtrupp fahre ich als „dritter Mann" – wie die männlichen Kollegen auch. Den LKW-Führerschein für die großen Löschfahrzeuge habe ich gemacht. Besonders gut gefällt mir die gegenseitige Unterstützung im Team."

Jasmin, Feuerwehrfrau am Köln Bonn Airport

Bird Controller ...

... passen auf, dass Vögel nicht den Flugbetrieb gefährden. Um Vogelschläge – so nennt man den Zusammenstoß von Vögeln und Flugzeugen – zu vermeiden, gestalten sie das Flughafengelände so, dass es für Vögel unattraktiv ist. Sie lassen das Gras zum Beispiel möglichst lang, um größeren Greifvögeln das Jagen zu erschweren. Pflanzen, die als Leckerbissen für kleine Vögel dienen, verbannen sie vom Flughafengelände. Wenn die Vögel nämlich nichts zu fressen finden, suchen sie woanders. Also locken sie am Köln Bonn Airport auch keine beutesuchenden Greifvögel an.

Flughafenfeuerwehrleute ...

... sind speziell für Notfälle am Flughafen ausgebildet. Sie wissen, wie man ein Flugzeug birgt, das von der Landebahn abgekommen ist. Sie können eine Notlandung vorbereiten, Brände an Flugzeugen oder Gebäuden löschen und Verletzte versorgen. Bei einem Notfall verlassen die Feuerwehrleute innerhalb von 20 Sekunden die Feuerwache und rasen zum Einsatzort. Ohne eine jederzeit einsatzbereite Feuerwehr darf auf einem Flughafen kein Flugzeug starten oder landen. Mehr über die Feuerwehr erfährst Du auf der nächsten Seite.

Drehleiter

Kommt in höheren Etagen von Gebäuden oder an 💡 Hecktriebwerken großer Flugzeuge zum Einsatz. Die Drehleiter dieses Wagens lässt sich bis auf 32 Meter ausfahren. In den Korb passen bis zu vier Personen.

Rettungstreppe

Kann dank Allradantrieb überall im Gelände eingesetzt werden – zum Beispiel als Ersatzpassagiertreppe an Flugzeugen.

Rettungswagen

Zur Erstversorgung von Notfallpatienten und deren Transport ins Krankenhaus.

Löschfahrzeuge

Rücken bei kleineren Einsätzen alleine aus, um zu löschen oder mit ihren Spezialwerkzeugen bei Verkehrsunfällen zu helfen.

Immer einsatzbereit!

Jeder Flughafen hat eine eigene Feuerwehr. Die Feuerwehr am Köln Bonn Airport braucht, sollte es einen Flugzeugnotfall geben, nicht mehr als drei Minuten, um mit ihren Fahrzeugen am Unglücksort zu sein. Ganz egal, wo sich der Notfall auf dem Flughafengelände befindet. Zwei Feuerwachen und eine große, hochmoderne Fahrzeugflotte ermöglichen es, blitzschnell zur Stelle zu sein, um Brände zu löschen und Menschen zu retten.

Schutzanzüge

Die Flughafenfeuerwehr verfügt über Spezialanzüge für jeden erdenklichen Notfall, zum Beispiel Rettungsdienstkleidung, wasserdichte Hosen und Infektionsschutzanzüge. Sie schützen ihre Träger vor Wasser, Hitze, Chemikalien oder der Ansteckung mit bestimmten Krankheiten.

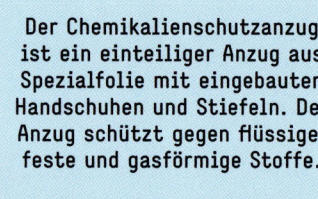

Der Chemikalienschutzanzug ist ein einteiliger Anzug aus Spezialfolie mit eingebauten Handschuhen und Stiefeln. Der Anzug schützt gegen flüssige, feste und gasförmige Stoffe.

Wenn Feuerwehrleute bei einem Einsatz mit Menschen in Kontakt kommen, die an einer ansteckenden Krankheit leiden, schützen sie sich mit diesem Infektionsschutzanzug. Nach dem Einsatz wird die Ausrüstung in einem speziellen Behälter für ansteckungsgefährliche Stoffe entsorgt.

Flugfeldlöschfahrzeug „Panther"

Dieses Löschfahrzeug heißt nicht umsonst „Panther". Die mit Wasser, Schaum und Löschpulver ausgerüsteten 1000-PS-Kolosse sind stark und bis zu 140 km/h schnell. Die Düse des Panthers hat eine Reichweite von 100 Metern – das ist so weit wie ein Fußballfeld lang ist. Das Fahrzeug kann eine Wasserwand aufbauen und sich, sollte es zum Beispiel durch brennendes 💡 Kerosin fahren, selbst von unten löschen. Nur eine Person reicht aus, um den Panther zu fahren und gleichzeitig zu bedienen.

Einsatzwagen

Es gibt Mannschaftstransporter, Einsatzleitwagen, Lotsenfahrzeuge für externe Helfer und Fahrzeuge für Kontrollfahrten.

Gerätewagen

Liefert Nachschub und Einsatzmaterial – zum Beispiel Bindemittel für auslaufendes Kerosin oder Öl.

Wechsellader

Je nach Einsatzart können die Container auf der Ladefläche getauscht werden. So wird das Fahrzeug entweder zum Löschfahrzeug, Bürocontainer oder Lieferwagen für Material oder Zelte.

Der einteilige Wärmeschutzanzug mit eingebauten Handschuhen, Stiefeln und getönter Sichtscheibe besteht aus aluminiumbedampfter Folie. Er reflektiert Hitze und widersteht sogar direkter Flammeneinwirkung.

Übung am Flugzeug

Notfälle geschehen zum Glück nur äußerst selten. Trotzdem üben die Feuerwehrleute regelmäßig. Denn sollte doch einmal ein Unglück geschehen, muss jeder Handgriff sitzen.

Ausbesserungsarbeiten an der
Asphaltdecke der Bahn sind besonders
zeitintensiv. Wird die Oberfläche
abgetragen und erneuert, muss sie
mindestens sechs Stunden aushärten bis
wieder Flugzeuge darauf starten
und landen können.

Immer gut in Schuss

Jedes Jahr starten und landen am Köln Bonn Airport über 120.000
Flugzeuge. Viele davon, zum Beispiel die Frachtmaschinen, sind
groß und schwer. Die 💡 Runways dürfen deshalb keine Löcher,
Dellen oder Risse haben, damit die Flugzeuge jederzeit ohne
Probleme landen und abheben können. Dauern die Arbeiten an
einem Runway länger als zwei Stunden, wird die Bahn komplett
gesperrt. Das muss gut geplant sein, denn in dieser Zeit werden
Flüge auf die anderen Runways umgeleitet.

Teamarbeit!

Wird ein Runway für wichtige Arbeiten stillgelegt, ist das auch
eine gute Gelegenheit für andere Reparaturen: Farbmarkierungen
erneuern, Signallichter austauschen und Inspektionsarbeiten an
den Abwasserkanälen durchführen. Die Umweltabteilung nutzt
eine Sperrung, um das Gras neben dem Runway zu mähen.
Deshalb stimmen sich alle Fachabteilungen des Flughafens,
aber auch Fluggesellschaften und die Deutsche Flugsicherung
(DFS) vor einer geplanten Reparatur ab.

Großes Reinemachen!

Zwei Mal im Jahr wird die 💡 **Interkontinentalbahn** für mehrere Tage gesperrt. Dann entfernen Spezialfahrzeuge den Gummiabrieb auf den Runways. Gummiabrieb nennt man die schwarzen Streifen, die die Räder der Flugzeuge beim Landen hinterlassen. Ist zu viel davon da, könnte der Runway rutschig werden. Deshalb wird er mit Hochdrucktechnik gründlich gereinigt.

Triebwerks-Detektive

Mit viel Fingerspitzengefühl schiebt der Triebwerksprüfer einen drei Meter langen Kameraschlauch in das Triebwerk. Mit diesem „Boroskop", das die Aufnahmen auf einen Bildschirm schickt, sieht er, ob es im Inneren der Maschine Abnutzungserscheinungen gibt. So eine Untersuchung dauert pro Triebwerk sechs bis acht Stunden.

Beim Flugzeug-Doktor

Bitte mal ganz weit das Triebwerk aufmachen! Jedes Flugzeug muss regelmäßig zum „großen Check" – genauso wie Menschen, die sich ab und zu gründlich von einem Arzt untersuchen lassen. In einer riesigen Montagehalle, dem 💡 **Hangar**, können drei mittelgroße Jets gleichzeitig gewartet werden. Hier überprüfen Techniker, ob mit dem Flugzeug noch alles in Ordnung ist. Dazu bauen sie die Maschinen Stück für Stück auseinander und wieder zusammen. Finden sie keine Defekte, ist der „Patient" gesund und kann bis zum nächsten Check wieder sicher starten und landen.

Der Schnelle

Er heißt „Panther" und beschleunigt in 25 Sekunden von 0 auf 80 km/h. Das ist für so ein schweres Fahrzeug sehr schnell. Die Geschwindigkeit ist aber auch nötig, denn die Feuerwehr muss so rasch wie möglich am Einsatzort sein. Das größte Löschfahrzeug der Flughafenfeuerwehr kann 12.500 Liter Wasser und 1.500 Liter Schaummittel laden. Der Panther wiegt 40 Tonnen und hat 1.000 PS.

Helfer auf Achse

Die Maschinen, die beim Verladen der Fracht und bei der Abfertigung der Flugzeuge helfen, sind echte Schwergewichte. Wir zeigen Dir die fünf größten Fahrzeuge des Flughafens.

Der Schwere

Dicker Brummer: Mit 70 Tonnen ist der „Stangenschlepper F396 C" mit Abstand das schwerste Fahrzeug am Flughafen. Er wiegt fast so viel wie ein vollgetankter, vollbeladener Passagierflieger. Dieser 💡 **Schlepper** ist der einzige, der sogar einen komplett besetzten Airbus A380, das größte Passagierflugzeug der Welt, schieben kann. Dabei bewegt der Schlepper das Achtfache seines eigenen Gewichts.

Der Starke

Hoch damit! Der „Champ 350" ist der größte Lifter des Flughafens. Er hebt ein Gewicht von 35 Tonnen – so viel wiegen sieben Afrikanische Elefanten! Die würden auch auf die Ladefläche passen, die so groß ist wie eine 2-Zimmer-Wohnung. Die Ladefläche kann auf eine Höhe von 5,60 Meter ausgefahren werden und kommt überwiegend zum Beladen der Boeing 747, dem Jumbo-Jet, zum Einsatz. Der Lifter ist selbst ein schweres Gerät: Er wiegt 42 Tonnen und kann deswegen auch nur sehr langsam fahren.

Der Alleskönner

Obwohl dieser Schlepper mit seinen 25 Tonnen vergleichsweise leicht ist, kann er Flugzeuge bis zur Größe eines Jumbo-Jets problemlos schieben. Das schafft er, weil jedes Rad einen eigenen Motor besitzt. Seine Besonderheit ist aber der drehbare Fahrersitz. Dieser Schlepper kann deshalb nicht nur „pushen", also schieben, sondern Flugzeuge auch ziehen.

Der Große

Törööööö! Den Namen „Elephant" verdankt dieses Fahrzeug seinem langen „Rüssel", dem Sprüharm. Der kann auf 23 Meter ausgefahren werden. Bei einer erreichbaren Höhe von 15 Metern enteist der Elephant mühelos selbst die größten Flugzeuge. Sogar die 💡 **Heck**flosse des weltgrößten Passagierfliegers A380 erreicht er ohne Probleme. Der Winterdienst-Mitarbeiter steuert das Fahrzeug dabei aus der Kanzel in eisiger Höhe. Kein Job für Menschen mit Höhenangst!

Fleißiges Bienchen & Co.

Nicht nur Menschen arbeiten am Köln Bonn Airport. Hier triffst Du auch viele tierische Mitarbeiter.

Emsige Umweltpolizei

Etwa 200.000 Flughafenbienen sind auf dem Gelände des Köln Bonn Airport unterwegs. Sie sammeln dort im Frühjahr und Sommer eifrig Pollen und Nektar. Der Honig, den sie daraus in den fünf Bienenstöcken nahe der 💡 **Interkontinentalbahn** machen, wird regelmäßig auf Schadstoffe untersucht. Das nennt man „Biomonitoring". Die Analyse weist immer einen schadstofffreien Honig nach. Lecker!

Sumpf-Experte

Wasserbüffel Edgar ist mit seiner elfköpfigen Herde im Naturschutzgebiet „Wahner Heide" am Flughafen ein ungewöhnlicher Anblick. Der aus Asien stammende Spezialist schützt die empfindliche Sumpffläche vor dem Zuwachsen, indem er und seine „Kollegen" junge Bäume und Gestrüpp abfressen.

Bitte Määäh-en!

In der Wahner Heide sind im Auftrag des Flughafens rund 400 Schafe als vierbeinige Rasenmäher unterwegs. Sie fressen das Gras auf Flächen, die zu uneben sind, um mit Maschinen gemäht zu werden. Ein bis zwei Kilometer Grasfläche knabbert die Herde pro Tag kurz.

Leckermaul

Lucky, der Esel, und seine Familie teilen sich mit Edgar und seiner Herde den Job. Während die Wasserbüffel in Bereichen mit Tümpeln und Gewässern arbeiten, futtern die Langohren das Gras der trockenen Wiesenlandschaft kurz.

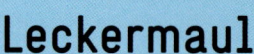

KURIOSES

Dufte Sicherheitsexperten

Vögel sind eine Gefahr für startende oder landende Flugzeuge, denn bei einer Kollision kann das Flugzeug beschädigt werden. Die Frettchen der Abteilung „Bird Control" des Flughafens helfen dabei, dass sich weniger Vögel in der Nähe der 📍 Runways aufhalten und sorgen so für mehr Sicherheit im Luftverkehr. Aber wie machen sie das? Micky, das Frettchen, und seine Kollegen sind Jagdhelfer. Sie helfen bei der Kaninchenjagd. Auf dem Köln Bonn Airport tummeln sich nämlich jede Menge Kaninchen. Das wäre eigentlich kein Problem, aber die Langohren locken große Greifvögel an, denen sie als Beute dienen. Der Bird Controller lässt deshalb seine Frettchen in den Kaninchenbau laufen. Sobald ein Kaninchen Frettchenduft riecht, nimmt es Reißaus, verschwindet durch den Notausgang nach draußen – und landet direkt in einem Käfig. Dann zieht das Kaninchen nach Ostdeutschland um, wo es sehr willkommen ist, weil dort durch eine Krankheit fast alle Kaninchen gestorben sind. Es wird wieder freigelassen und kann in Ruhe herumhoppeln. Und der Greifvogel am Köln Bonn Airport? Der sucht an einem anderen Ort nach Futter.

Spürnasen

Für den Zoll sind am Köln Bonn Airport elf Drogen- und Sprengstoffhunde im Einsatz. Sie sind dafür ausgebildet, den speziellen Geruch zu erkennen, den Drogen oder Chemikalien für den Bombenbau absondern. Erschnuppert ein Spürhund etwas Verdächtiges, zeigt er das, indem er an einem Gepäckstück scharrt. Sein menschlicher Partner, der Hundeführer, versteht das kleinste Zeichen seines Hundes sofort. Er weiß dann, dass er den Koffer genauer in Augenschein nehmen muss. Manchmal wird eine Stichprobe gemacht und das gesamte Gepäck eines ankommenden Flugzeugs untersucht. Ein erfahrener Spürhund kann 300 Koffer in 15 Minuten kontrollieren.

Sicher fliegen

Woran erkennt ein **Pilot im Dunkeln**, wo es **langgeht?**

Wer regelt den **Verkehr** am Flughafen und in der **Luft?**

Wie funktioniert der **Tower?**

Kann man auch fliegen, wenn es **schneit?**

Im Turm

Hier oben ist der Arbeitsplatz der ♀Towerlotsen der Deutschen Flugsicherung (DFS). Sie haben den gesamten Flughafen im Blick und überwachen Start und Landung. Sobald ein Flugzeug nach dem Starten in der Luft ist, übergeben die Towerlotsen die Beobachtung des Flugzeugs an einen Radarlotsen in einem Kontrollzentrum. Immer vier Towerlotsen sind im Dienst. Drei von ihnen arbeiten, der andere macht Pause. Pause machen ist wichtig, denn nur ausgeruhte und voll konzentrierte Fluglotsen können die Verantwortung über die Flugsicherheit und die vielen Menschenleben übernehmen.

Alles unter Kontrolle

Jedes Jahr gibt es über 120.000 Flugbewegungen am Köln Bonn Airport. Das sind pro Tag etwa 330 Maschinen, die starten, landen, rollen und parken. Auch am Boden herrscht reges Gewusel: Autos, Schlepper, Last- und Tankwagen fahren hin und her. Wer behält da noch den Überblick? Ganz klar, die Kollegen im ♀Tower und der Vorfeldkontrolle! Sie regeln den Luft- und Bodenverkehr. Sie sorgen dafür, dass der Verkehr am Flughafen sicher und ohne Störungen verläuft. Am Köln Bonn Airport gibt es gleich zwei Tower: den großen Kontrollturm der Flugsicherung und den kleineren Vorfeldtower.

♀Follow-me-Fahrzeuge dürfen nicht einfach auf dem ♀Vorfeld herumfahren. Auch sie brauchen die Erlaubnis eines Towerlotsen.

Im Vorfeldtower

Lotsen der Bodenkontrolle überwachen das Starten der Triebwerke und den ♀Pushback-Vorgang sowie das Parken der Flugzeuge. Die Kollegen der Vorfeldkontrolle sitzen im Vorfeldtower, der auch „Kaffeefilter" genannt wird und sich direkt auf dem Flughafengebäude befindet. Die Lotsen planen die ♀Parkpositionen ankommender Flugzeuge und sorgen dafür, dass direkt nach der Landung alle an der Abfertigung beteiligten Helfer bereitstehen.

Köln Bonn Airport

Fliegerisch buchstabieren

Die gemeinsame Sprache unter Piloten und Mitarbeitern der Flugsicherung auf allen Flughäfen der Welt ist Englisch. Wichtige Begriffe werden buchstabiert – nach dem internationalen ICAO-Alphabet. Für jeden Buchstaben steht hier ein festgelegtes Wort. Das ist wichtig, denn Buchstaben wie „M" und „N" klingen ziemlich ähnlich, wenn man sie ausspricht. Erst recht über einen rauschenden Funkkanal. „Mike" und „November" sind hingegen gut zu unterscheiden.

Das Wort Pilot buchstabiert man beispielsweise so:
Papa – India – Lima – Oscar - Tango

Na, kannst Du Deinen Namen buchstabieren?

A = Alpha
B = Bravo
C = Charlie
D = Delta
E = Echo
F = Foxtrott
G = Golf
H = Hotel
I = India
J = Juliett
K = Kilo
L = Lima
M = Mike
N = November
O = Oscar
P = Papa
Q = Quebec
R = Romeo
S = Sierra
T = Tango
U = Uniform
V = Victor
W = Whiskey
X = X-Ray
Y = Yankee
Z = Zulu

Im Kontrollzentrum

Vier Kontrollzentren der Deutschen Flugsicherung betreuen alle Flüge im deutschen Luftraum, außer bei Start und Landung. Der Luftraum über Deutschland wird per Radar überwacht. Große, sich drehende Radarantennen empfangen elektromagnetische Impulse, die vom Flugzeug reflektiert werden. So lässt sich die Position eines Fliegers bis zu seinem Zielflughafen bestimmen. Über ein Sekundärradar und Flugsicherungssysteme am Boden lassen sich auch die Geschwindigkeit und viele andere Informationen berechnen. Das ist wichtig, denn einzelne Flugzeuge müssen mindestens neun Kilometer Abstand voneinander halten. In der Höhe müssen mindestens 300 Meter zwischen zwei Maschinen liegen. Die Fluglotsen in den Kontrollzentren heißen Radarlotsen. Sie überwachen die Flüge an ihren Monitoren und geben den Piloten über Funk Anweisungen, wie hoch, wie schnell und auf welchem Kurs sie fliegen dürfen.

Towerlotsen überwachen die Start- und Landebahnen und den Luftraum in der Nähe des Flughafens. Sie geben dem Piloten per Funk die Anweisungen, die sie zum Starten und Landen und für das Rollen auf dem Vorfeld benötigen. Es gibt immer drei Towerlotsen, die das Flugzeug nacheinander bei Start und Landung begleiten. Schauen wir uns doch einmal einen Startvorgang an:

1 Ein Pilot fragt den Towerlotsen in der ersten Position um Erlaubnis, die Triebwerke starten zu dürfen. „Golf Whiskey One Seven Six, stand bravo five, request start-up!"

2 Der Towerlotse überprüft erst die Flugdaten. Sind die in Ordnung, erteilt er die Erlaubnis zum Starten der Motoren und sagt dem Piloten, welche Flugroute er nach dem Start nehmen soll. Dann übergibt er an den Towerlotsen in der zweiten Position. Er ist für die Strecke bis zur Startposition zuständig. „Golf Whiskey One Seven Six, taxi to holding point one four left via bravo and alpha five."

3 Nun geht es über Taxiway B bis zum Haltepunkt der Startbahn 14 links. Während das Flugzeug langsam zur Startposition rollt, beobachtet der Towerlotse der zweiten Position ganz genau, was auf dem Boden los ist, damit es keinen Zusammenstoß zwischen dem Flieger und einem Auto, Gepäckwagen oder einem anderen Flugzeug gibt. Der Pilot hält am vereinbarten Punkt und Towerlotse Nummer Zwei übergibt an den dritten Towerlotsen, den Platzlotsen. Der beobachtet den gesamten Luftraum rings um den Flughafen. Er passt auf, dass die Flugzeuge genug Abstand voneinander halten und erteilt die Start- und Landeerlaubnis. Jetzt meldet sich der Pilot. Er ist startbereit. „Golf Whiskey One Seven Six, ready for Departure!"

4 Der Platzlotse gibt ihm noch die Windgeschwindigkeit und Windrichtung durch, dann erteilt er ihm die Starterlaubnis: „Golf Whiskey One Seven Six, wind one five zero, seven knots, runway one four left, cleared for take-off!" Das Flugzeug startet und verschwindet schnell in der Ferne. Die Towerlotsen übergeben jetzt den Flug an das zuständige Kontrollzentrum.

Auf seinem Monitor kann der Towerlotse anhand der Punkte, Linien und Nummern erkennen, wie viele und welche Flugzeuge sich dem Flughafen nähern. Außerdem sieht er, wie hoch und wie schnell sie fliegen.

Wegweiser

Nicht jeder gelandete Flieger wird von einem ♀ Follow-me-Auto zu seinem ♀ Gate gebracht. Aber die Piloten kommen auch alleine zurecht. Linien am Boden, aber auch Schilder zeigen ihnen und den anderen Verkehrsteilnehmern ganz genau, wer wo fahren darf.

Richtige Richtung

Das Flugzeug rollt auf der gelben Taxiway-Linie in Richtung Runway.

Farben & Linien

Weiß, gelb, rot, schwarz - Linien in verschiedenen Farben markieren die unterschiedlichen Bereiche von ♀ Vorfeld und ♀ Runway. Die Markierungslinien auf Start- und Landebahnen sind grundsätzlich weiß. Rollbahnen, also die ♀ Taxiways, sind mit gelben Linien markiert. Damit die Linien auch im Dunkeln gut zu sehen sind, wird eine Spezialfarbe verwendet. Sie enthält klitzekleine Glaskügelchen, die das Licht reflektieren. Helle Linien sind zudem schwarz umrandet. So heben sie sich besser vom grauen Asphalt ab.

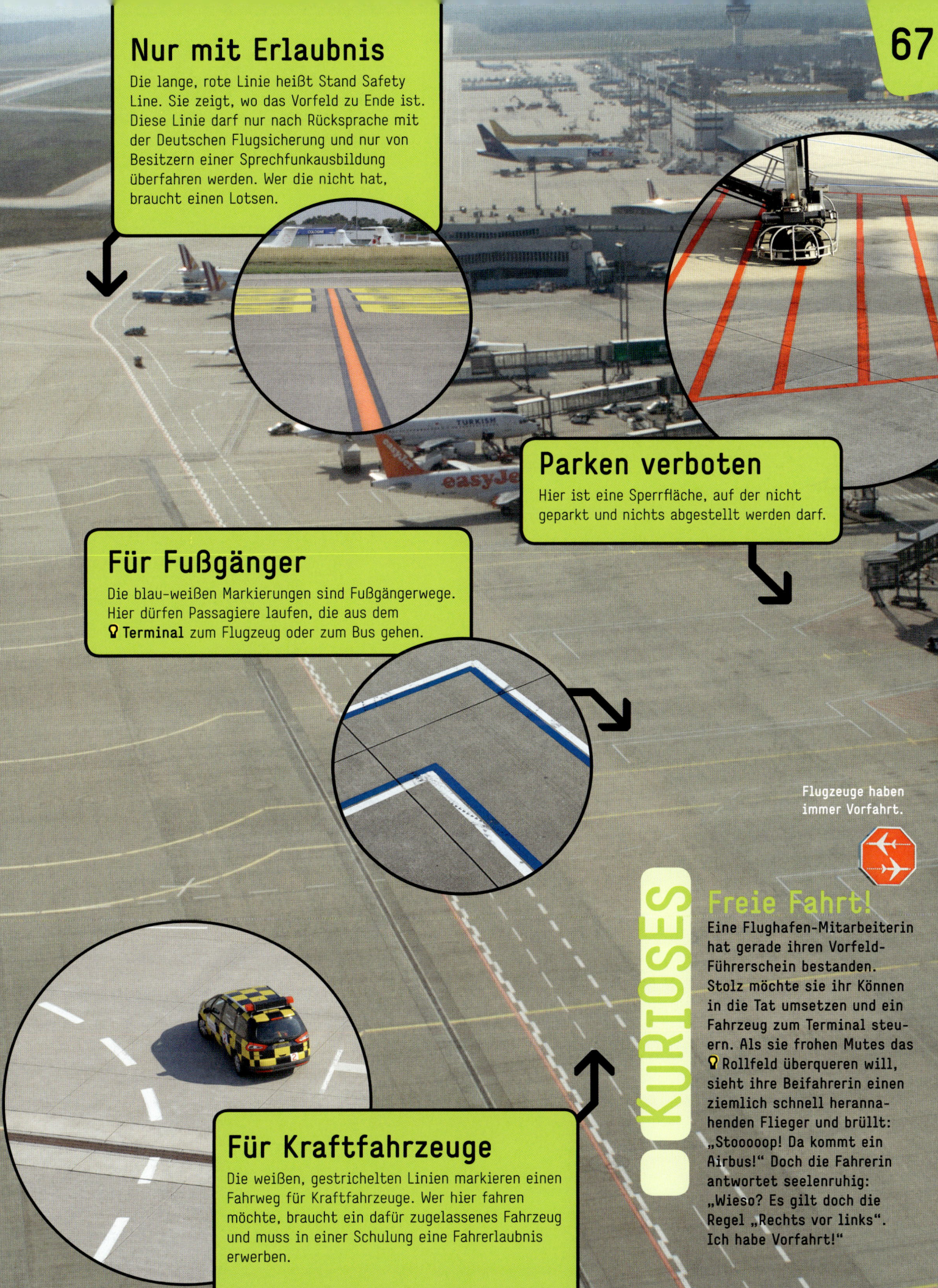

Nur mit Erlaubnis

Die lange, rote Linie heißt Stand Safety Line. Sie zeigt, wo das Vorfeld zu Ende ist. Diese Linie darf nur nach Rücksprache mit der Deutschen Flugsicherung und nur von Besitzern einer Sprechfunkausbildung überfahren werden. Wer die nicht hat, braucht einen Lotsen.

Parken verboten

Hier ist eine Sperrfläche, auf der nicht geparkt und nichts abgestellt werden darf.

Für Fußgänger

Die blau-weißen Markierungen sind Fußgängerwege. Hier dürfen Passagiere laufen, die aus dem ♀ Terminal zum Flugzeug oder zum Bus gehen.

Für Kraftfahrzeuge

Die weißen, gestrichelten Linien markieren einen Fahrweg für Kraftfahrzeuge. Wer hier fahren möchte, braucht ein dafür zugelassenes Fahrzeug und muss in einer Schulung eine Fahrerlaubnis erwerben.

Flugzeuge haben immer Vorfahrt.

KURIOSES

Freie Fahrt!

Eine Flughafen-Mitarbeiterin hat gerade ihren Vorfeld-Führerschein bestanden. Stolz möchte sie ihr Können in die Tat umsetzen und ein Fahrzeug zum Terminal steuern. Als sie frohen Mutes das ♀ Rollfeld überqueren will, sieht ihre Beifahrerin einen ziemlich schnell herannahenden Flieger und brüllt: „Stooooop! Da kommt ein Airbus!" Doch die Fahrerin antwortet seelenruhig: „Wieso? Es gilt doch die Regel „Rechts vor links". Ich habe Vorfahrt!"

Donnerwetter!

Regen, Schnee, Wind oder Nebel? Informationen zum Wetter sind für den Piloten sehr wichtig. Messstationen, Computer und andere schlaue Geräte sind wertvolle Helfer, um das Wetter für einen Flug einzuschätzen und dem Piloten auch bei Nebel den richtigen Weg zu weisen.

Nebel in Sicht?

Mitten auf dem Flughafengelände steht die Wetterdienststation. Hier werden das Wetter vor Ort und das Deutschlandwetter am Computer beobachtet. Der Wetterdienstmitarbeiter erstellt mit diesen Daten das Platzwetter, also die genauen Bedingungen am Flughafen. Alle für Starts und Landungen wichtigen Daten gibt er an die Deutsche Flugsicherung im 💡 Tower weiter und spielt sie darüber hinaus in das System des internationalen Wetterdienstes ein. So kann ein Pilot, der in der Türkei startet, nachsehen, wie das Wetter in Köln ist, wo er landen möchte.

Wettergarten

Das aktuelle Wetter am Flughafen wird im Wettergarten gemessen. Direkt vor dem Gebäude stehen mehrere Messinstrumente, die die Temperatur, den Luftdruck, die Luftfeuchtigkeit und die Niederschlagsmengen aufzeichnen. Sensoren ermitteln außerdem an verschiedenen Stellen im Gelände die Sichtverhältnisse, die Windstärke und die Wolkenuntergrenze. Alle zehn Sekunden sendet der Wetterdienstmitarbeiter die aktuellen Wetterdaten an die Fluglotsen im Tower, die sie an die Piloten weitergeben.

Der Wolkenhöhenmesser ermittelt die Untergrenze einer Wolke. Hängen Wolken zu tief, kann es Nebel geben. Das muss die Flugsicherung wissen, um anfliegende Piloten zu informieren.

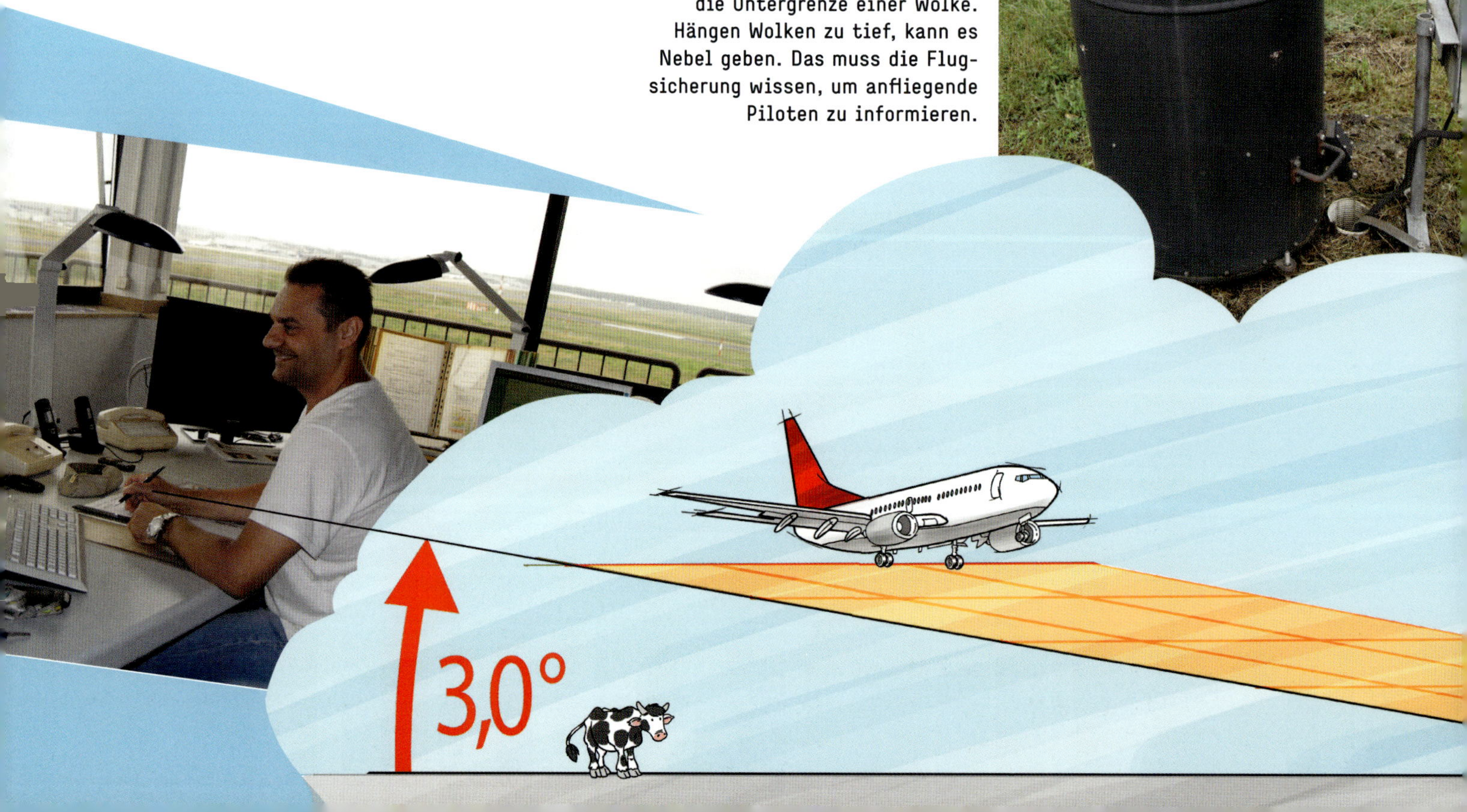

3,0°

Technische Helfer

Gibt es wirklich einmal Nebel und die Sicht auf die Landebahn ist schlecht, hilft dem Piloten das Instrumentenlandesystem (ILS). Hinter und neben der Landebahn sind Antennen installiert, die die optimale Höhe und Richtung für eine präzise Landung vorgeben. Dafür vereint das ILS zwei Systeme: den Landekurssender und den Gleitwegesender. Die Antennen des Landkurssenders, auch „Localizer" genannt, stehen hinter dem Ende der Landebahn. Der Landekurssender informiert den Piloten darüber, ob er weiter rechts oder links fliegen muss, um gerade auf die Landebahn zuzusteuern. Der Gleitwegesender steht seitlich neben der Landebahn auf Höhe des Punktes, an dem das Flugzeug aufsetzen soll. Der Sender strahlt ein Signal aus, das den Anflugweg zur Landebahn angibt. Diese Linie nennt man „Gleitpfad" oder „Glide Slope". Sie führt in einem Winkel von drei Grad exakt zum Aufsetzpunkt und informiert den Piloten über die Höhe für den optimalen Anflug. Sobald ein Flugzeug in den Empfangsbereich der Signale fliegt, sieht der Pilot auf seinem ILS-Gerät im Cockpit, auf welcher Position er sich gerade befindet und ob er vom vorgegebenen Kurs abweicht und ihn korrigieren muss. In fast allen modernen Flugzeugen könnte der Bordcomputer, der „Autopilot", das Flugzeug mit Hilfe der ILS-Signale sogar alleine landen.

Dieser Gleitwegesender steht im Anflugbereich der Interkontinentalbahn. Er sendet Signale an das Instrumentenlandesystem.

Weltmeisterwissen

Der Köln Bonn Airport ist der Flughafen mit den wenigsten Nebeltagen in Deutschland. An maximal neun Stunden im Jahr herrscht hier Nebel der Kategorie III. Kategorie III bedeutet, dass die Sicht unter 75 Metern liegt. Das ist in etwa so, als würdest Du auf einem Fußballplatz im Tor stehen und den gegnerischen Torraum wegen Nebel nicht sehen können. An Flughäfen wird dann der Flugbetrieb eingestellt, bis der Nebel sich verzogen hat. Am Köln Bonn Airport kommt das so gut wie nie vor. Gibt es an anderen Flughäfen schlechte Sicht, werden die Flüge häufig hierher umgeleitet.

Dieses Flugzeug ist auf dem ⚲ Taxiway unterwegs. Der Taxiway hat blaue Lampen zur Begrenzung der Fahrbahn und eine grün leuchtende Mittellinie.

Immer den Lichtern nach

Auch während der Nacht ist am Flughafen viel Betrieb. Passagierflüge und Frachtmaschinen starten und landen – die Piloten können an den Lichtern genau erkennen, wo es langgeht. Er orientiert sich bei der Landung an der ⚲ Anflugbefeuerung. Die Towerlotsen schalten die Lichter desjenigen ⚲ Runway ein, der für den Start und die Landung freigegeben ist. Runways sind mit hellen Strahlern umrahmt. Rote Lichter signalisieren verbotene Bereiche und das Ende des Runways.

Lichter für die Landebahnen

Piloten sehen schon aus großer Entfernung, wo sie landen müssen. Denn nachts sind die Landebahnen mit starken Lampen, den Anfluglichtern, beleuchtet.

Lichter für die Flugzeuge

Die Beleuchtung der Flugzeuge erkennt man erst nachts so richtig gut. Dann blinkt und leuchtet der Flieger an allen Ecken und Enden. Jedes Flugzeug hat Positions- und Anti-Kollisionslichter: rechts ein grünes Steuerbord-, links das rote Backbord-Licht und an der ♀ **Heck**flosse ein weißes Hecklicht. An den Flügelspitzen blinken während des Flugs helle Leuchten, die zeigen, wie groß die Spannweite ist. So werden Zusammenstöße vermieden. Schließlich gibt es noch extra Lichter zum Rollen, Starten und Landen. Aber auch solche, die nur dann aufleuchten, wenn ein Flieger auf dem ♀ **Rollfeld** abbiegt.

Lichter zur Orientierung

Aus der Luft sieht der Pilot schon von weitem die Anflugbefeuerung des Flughafens. Aber was ist bei schlechter Sicht? Piloten verlassen sich nicht ausschließlich auf ihre guten Augen. Bei Start und Landung werden sie durch die Instrumente im Cockpit unterstützt. Tags wie nachts helfen Radar, ILS und viele andere Instrumente dem Piloten bei der Orientierung.

Lichter zum Einparken

Auch das Parken ist im Dunkeln kein Problem. Auf dem ♀ **Follow-me-Auto** gibt es Blinklichter und die Stäbe oder Kellen, mit denen der ♀ **Marshaller** den Piloten in die ♀ **Parkposition** einweist, leuchten.

Nachtruhe

Der Köln Bonn Airport ist der einzige Flughafen in Nordrhein-Westfalen, der nachts ein leiseres Nachtflugverfahren anwendet: das Continuous Descent Operations (CDO). Mehr über das CDO erfährst Du auf Seite 91.

Winter? Kein Problem!

Können Flugzeuge eigentlich auch bei Schnee, Eis und Minustemperaturen abheben? Klar! Flugzeuge starten und landen am Köln Bonn Airport bei fast jedem Wetter. Auch im Winter finden täglich fast 190 Starts und Landungen statt. Wenn es schneit und friert, kommen die Eis- und Schnee-Experten mit ihren Spezialfahrzeugen. Sie schieben, streuen, kehren und enteisen Flugzeuge und Landebahnen. So sorgen sie dafür, dass der Flugbetrieb auch wenn es kälter wird weitergeht. Wusstest Du, dass der Köln Bonn Airport in den letzten Wintern immer wieder Ausweichflughafen war, wenn andere Flughäfen in Deutschland und Europa wegen Schnee gesperrt werden mussten?

Eiszeit

Wenn Tragflächen vereisen, ist die Sicherheit eines Fluges beeinträchtigt. Bereits ab Temperaturen von plus 8 Grad Celsius werden deshalb die Tragflächen, Höhenruder und Seitenleitwerke der Flugzeuge enteist. Ist die Luft am Boden feucht, kann das Wasser an den Tragflächen beim Start nämlich einfrieren. Während des Flugs ist das Einfrieren kein Problem. Über den Wolken, wo es immer eisig ist, ist die Luftfeuchtigkeit gering – kein Wasser, kein Eis. Für alle Fälle sorgt in der Luft außerdem die Enteisungsanlage des Flugzeugs dafür, dass keine neuen Eiskrusten entstehen.

Hoch hinaus

Bei der Flugzeugenteisung kommt ein Spezial-Fahrzeug zum Einsatz. Es heißt wegen seines Auslegers „Elephant". Selbst das größte Passagierflugzeug, den Airbus 380, kann es in nur zehn Minuten enteisen. Immerhin: Der Airbus 380 ist 24 Meter hoch, so hoch wie ein Haus mit zehn Stockwerken! Der Elephant versprüht ein Glykol-Wassergemisch, das die Tragflächen enteist und gleichzeitig vor neuem Einfrieren schützt. So wird die Beweglichkeit der Klappen und Ruder an den Tragflächen sichergestellt und verhindert, dass Eisstücke Schäden anrichten.

Supersprayer

Wenn er seine gewaltigen Arme ausklappt, sehen die meisten Flugzeuge daneben ziemlich schmächtig aus: Der Airport-Sprayer enteist Start- und Landebahnen und ♀ **Vorfelder**. Er hat eine Sprühweite von 45 Metern, was fast so breit wie ein Fußballplatz ist. Die Acetatlösung, die er versprüht, ist umweltschonend und zu 100 Prozent biologisch abbaubar.

Mit vereinten Kräften

Für den Winterdienst gibt es eine eigene Abteilung: Das „Snow Removal Control Center", die „Schneeräum-Kontroll-Zentrale". Sie ist im Winter rund um die Uhr besetzt und kümmert sich um die Koordination der Räumarbeiten. An kalten und schneereichen Wintertagen sind 400 Winterdienst-Mitarbeiter im Einsatz. Nach dem „Kölner Parallelräumverfahren" befreien sie ♀ Runways, Vorfelder und Zufahrtsstraßen gleichzeitig von Schnee und Eis. Das ist wichtig, denn was nützt eine geräumte Landebahn, wenn das Vorfeld vereist ist und die Flugzeuge nicht abgefertigt werden können?

Die Kälte kann kommen!

250 Liter Enteisungsmittel werden binnen einer Minute von einer Abfüllanlage in die Tanks der Enteiserfahrzeuge gepumpt. In die Abfüllanlage passen insgesamt 60.000 Liter Flugzeugenteisungsmittel in zwei verschiedenen Sorten. Die Anlage erkennt selbst, welche Art Fahrzeug betankt werden muss und füllt das entsprechende Enteisungsmittel ab. Ein Vorrat von etwa einer Million Liter Flugzeugenteisungsmittel garantiert Nachschub selbst bei langen Wintern.

Gleich mehrere Räumfahrzeuge schieben den Schnee von Vorfeldern und Runways.

Der Fracht-flughafen

Was bedeutet **Cargo?**

Wer **sortiert** die ganzen Päckchen?

Was ist ein **Casterboden?**

Wie kommt ein **Paket aus Amerika** nach **Deutschland?**

Welches ist das **größte** Frachtflugzeug?

Volle Ladung: das Cargo-Center

LKW liefern die Waren aller Art an. Im Cargobereich werden sie durch den Zoll gebracht, zwischengelagert oder direkt in das nächste Flugzeug verladen.

Wenn es Nacht wird am Köln Bonn Airport, ist noch lange nicht Feierabend. Da in Köln auch nachts Flugzeuge starten und landen dürfen, schlägt nun die Stunde des Frachtverkehrs. Fast alles, was man weltweit kaufen und versenden kann, wird auch mit Flugzeugen transportiert: Briefe, Päckchen, Pakete, Möbel, Autos, Rennpferde, Maschinen und sogar kleine Flugzeuge können per Luftfracht verschickt werden. Die Größe der Flugzeuge, die all diese Dinge transportieren, reicht von normalen Passagierfliegern bis hin zu erstaunlich riesigen Spezialjets.

In großen Hallen wird die Fracht bis zur Auslieferung oder bis zum Versand per Flugzeug gelagert. Für Lebensmittel gibt es spezielle Kühlhallen.

Das Cologne Bonn Cargo Center: Hier sorgen zahlreiche Mitarbeiter und moderne Technik für den reibungslosen Ablauf zwischen Anlieferung, Lagerung, Verladung und Flug.

Frisch auf den Tisch

Jede Nacht kommen am Köln Bonn Airport frische Lebensmittel
aus aller Welt an: Bananen aus Ecuador, Blumen und Kräuter aus
Israel, Flusskrebse aus der Türkei, Lachs aus Island und Hummer
aus Kanada. Je schneller der Transport, desto frischer kommt
die Ware bei uns auf den Tisch.

Weltmeisterwissen

Der Köln Bonn Airport ist der
drittgrößte Frachtflughafen
Deutschlands. Weltweit gehört
er zu den Top 30. Jedes Jahr
starten und landen hier mehr
als 700.000 Tonnen
Fracht aus über 30 Ländern.
Etwa 600.000 Päckchen
und Pakete werden hier jede
Nacht sortiert, verladen und
weiter verschickt.

1 Oh je! Nur noch zwei Tage bis zu Annas Geburtstag! Fast hätte Oma Mary vergessen, das Geschenk für ihre Enkelin in Köln abzuschicken. Oma Mary wohnt nämlich nicht bei Anna um die Ecke, sondern in Kentucky. Das ist weit weg von Deutschland, mitten in Amerika. Zum Glück weiß Oma Mary, wie ihr Geburtstagspäckchen noch rechtzeitig nach Deutschland kommt.

Ein Paket reist um die Welt

Hast Du vielleicht schon einmal ein Geschenk von einem Verwandten zugeschickt bekommen, der ganz weit weg wohnt? Und hast Du Dich dabei auch gefragt wie es dieses Paket geschafft hat, genau bei Dir Zuhause zu landen? Ganz einfach! Wir begleiten ein Päckchen auf seinem Weg von Amerika nach Köln.

8

Als es morgens klingelt, macht Anna die Tür auf.
„Ein Paket von Oma Mary aus Amerika!", ruft sie.
„Pünktlich zu meinem Geburtstag!"
Herzlichen Glückwunsch, liebe Anna!

7 Der Lieferwagen mit Oma Marys Päckchen macht sich vom Zustellcenter sofort auf den Weg.

2 Fertig verpackt verschickt Oma Mary das Paket gleich am Nachmittag.

3 Ein Zustellauto bringt alle Päckchen aus Oma Marys Wohnort nach Louisville.

4 In Louisville kommen Päckchen, Pakete und Briefe aus fast ganz Amerika an. Hier werden sie sortiert und mit dem Flugzeug rund um die Welt geschickt. Das Geschenk von Oma Mary wird mit vielen anderen Päckchen in ein Frachtflugzeug geladen, das nach Köln fliegt.

ANNAHME

CENTER

5 Das Flugzeug mit Oma Marys Päckchen landet nachts am Köln Bonn Airport. Kaum hat der Frachtflieger seine ⚲ **Parkposition** erreicht, wird er entladen.

6 Alle Container werden in der riesigen Sortierhalle entladen. Kurz darauf sausen Päckchen, Pakete und Briefe blitzschnell über die Sortierbänder. Dabei werden die Sendungen nach Zustellbereichen sortiert und auf kleinere Lieferwagen verteilt.

Mit System

Eines der größten Frachtunternehmen der Welt – UPS – betreibt am Köln Bonn Airport seinen Europa Hub. Päckchen und Pakete aus aller Welt für Ziele in ganz Europa kommen hier an, werden sortiert und verteilt. Und alle Sendungen aus Europa werden hier gesammelt, um anschließend rund um den Globus geflogen zu werden.

Flinke Fracht

Mehr als 2.500 Mitarbeiter sorgen in zwei riesigen Frachthallen dafür, dass alle Sendungen so schnell wie möglich bei ihrem Empfänger ankommen – 190.000 Pakete und Päckchen können in den UPS Hallen pro Stunde sortiert werden. 37 UPS Flugzeuge fliegen täglich 37 Verbindungen kreuz und quer über den Globus. Sie alle landen zwischen 23 und 1 Uhr am Köln Bonn Airport. Die Sendungen werden bis 2:30 Uhr sortiert und dann entweder mit einem anderen Flugzeug innerhalb Europas weitergeschickt oder per LKW zu nähergelegenen Zielen transportiert.

Empfindlich

Es gibt besondere Waren, wie zum Beispiel Medikamente, die gekühlt reisen. In temperaturgeregelten Luftfracht-containern kommen sie am Köln Bonn Airport an. Damit die Kühlkette nicht unterbrochen wird – so nennt man das, wenn Waren während ihrer Reise nicht warm werden dürfen – gibt es temperierte Ladehallen, spezielle Kühl- und sogar Tiefkühlräume. Darin werden Waren bei bis zu minus 22 Grad gelagert.

Praktisch

Zum Entladen der Flugzeugcontainer hat UPS ein schlaues System: Ein ausfahrbares Förderband kann bis in den Container gezogen werden. So muss der Mitarbeiter nicht mehr alle Pakete einzeln ausladen.

Der Frachtflughafen

... und das passiert im UPS Europa Hub:

1 Soeben ist ein UPS Flugzeug aus Amerika gelandet. In seinem Bauch befanden sich Pakete für Ziele in ganz Europa. Ausgeladen sind sie schon. Und jetzt? Jetzt werden sie blitzschnell sortiert.

2 Ein gigantisches Netz aus Transportbändern, Kippschalen und Paketrutschen zieht sich durch die Gebäude von UPS. 38 Kilometer lang sind die Transportbänder, die in mehreren Etagen übereinander laufen. In der obersten Etage werden kleine Päckchen und Briefe automatisch sortiert. Sie fahren in kleinen Kippschalen bis zu ihrer Zielrutsche, wo sie gesammelt und weitertransportiert werden.

3 So ein Container wiegt manchmal mehr als eine Tonne – also so viel wie ein Auto! Trotzdem kann ihn ein einziger Mensch ohne Probleme schieben.
Das liegt an dem besonderen Boden in der Frachthalle, auch ♥ **Casterdeck** genannt. Er enthält ganz viele Rollen, die sich in alle Richtungen bewegen lassen.

4 Ein Gepäckschlepper bringt die Container auf das ♥ **Vorfeld**. Dort wartet schon das nächste Flugzeug.

5 Ein Hubtisch hebt die Container zur Ladeluke des Frachtflugzeugs. Das größte Frachtflugzeug der UPS Flotte ist die Boeing 747-400.
In den Bauch dieses Riesen passen 39 Container! Sobald alle Container an Bord sind, hebt die Maschine noch in derselben Nacht wieder ab.

Reisende Riesen

Der tägliche Frachtbetrieb am Köln Bonn Airport ist ziemlich spannend. Noch spannender wird es aber, wenn seltene Gäste einfliegen …

Krass!

Wenn dieser Riesenvogel den Köln Bonn Airport anfliegt, sorgt das für Staunen: Die Antonov ist eines der größten Frachtflugzeuge der Welt. Sie kommt immer dann zum Einsatz, wenn die Ladung für „normale" Frachtmaschinen zu groß ist. Die Spannweite dieses Flugzeugs, also sein Maß von einer Flügelspitze zur anderen, ist fast so breit wie ein Fußballfeld lang ist. In ihren Bauch würden 80 Autos passen. Dieses Mal „schluckt" sie einen Hubschrauber. Weltweit gibt es nur 56 solcher Flugzeuge.

Huckepack

Im Jahr 1983 landete auf der ♀ **Interkontinentalbahn** des Köln Bonn Airport eine Boeing 747 mit besonderer Fracht: Auf ihrem Rücken trug sie eine Raumfähre: das Space Shuttle Enterprise. Ihr Ziel war die Luftfahrtschau in Paris. In Köln legte die Boeing einen Zwischenstopp ein. Mehr als 100.000 Besucher kamen, um die Raumfähre zu bewundern. Ins All ist sie allerdings nie gestartet, weil ihr der dafür notwendige Hitzeschild fehlte. Immerhin besitzt der Flughafen die einzige Interkontinentalbahn in Nordrhein-Westfalen, auf der eine Raumfähre landen könnte.

Fliegende Tiere

Tierisch seltene Gäste: Es kommt nicht oft vor, aber ab und zu verreisen im Frachtbereich auch Tiere – zum Beispiel Rinder oder Pferde, die in ihre neue Heimat reisen. Die Fracht per Flugzeug ist für die Tiere wesentlich entspannter als eine lange Reise im LKW. Ein Tierarzt und ein Tierpfleger begleiten die Vierbeiner in ihren mit viel Stroh ausgelegten Transportboxen.

Zeitreise

Warum hieß der
Flughafen früher
„Flower Airport"?

Was macht ein **Fahrrad**
auf dem **Vorfeld**?

Wie **werden**
Flugzeuge leiser?

Es war einmal ...

1950 wurde der Köln Bonn Airport gegründet – seitdem ist er Schritt für Schritt größer und fortschrittlicher geworden.

Blumig

In seinen Anfangsjahren bestand der Köln Bonn Airport aus zwei Landebahnen und einem kleinen Gebäude. Weil der Flughafen von vielen Blumenbeeten umgeben war, hieß er auch „Flower Airport", Blumen-Flughafen, und galt als beliebtes Ausflugsziel.

Große weite Welt

1961 entstand die 💡 **Interkontinentalbahn**. Damals flogen etwa 270.000 Menschen im Jahr vom Flughafen Köln Bonn. Mit der Eröffnung des Terminal 1 am 20. März 1970 war er endgültig zum großen, internationalen Flughafen mit einer Million Passagieren geworden. Das moderne, gläserne Terminal 2 vollendete im Jahr 2000 den Flughafen Köln Bonn, der zwei Jahre später umgetauft wurde in Köln Bonn Airport.

Die kleinen gelb-schwarzen 💡 Follow-me-Autos gab es in den 60er-Jahren des vergangenen Jahrhunderts noch nicht. Stattdessen holte der Einweiser die Flugzeuge mit dem Fahrrad ab.

Sonnig

Auf den Dächern verschiedener Gebäude betreibt der Flughafen vier riesige Solaranlagen. Sie produzieren jährlich zwei Millionen Kilowattstunden Strom – eine Menge, die für fast 500 Drei-Personen-Haushalte reicht.

„Projekt" Umwelt

Ein Flughafen ist dafür verantwortlich, dass Passagiere sicher und gemütlich an ihr Ziel kommen. Dabei werden Technologien, die Energie sparen und die Umwelt schonen, immer wichtiger. Am Köln Bonn Airport gibt es deshalb Programme zum Lärm-, Natur- und Klimaschutz.

Grün

Ein „Flower Airport" ist der Köln Bonn Airport zwar nicht mehr, dafür aber umso grüner: Der Flughafen widmet sich verschiedenen Umweltprojekten in der Wahner Heide, dem Naturschutzgebiet rings um den Köln Bonn Airport.

Elektrisch

Immer mehr Fahrzeuge fahren am Köln Bonn Airport umweltfreundlich mit Strom. Es gibt zwei reine Elektroautos (kurz: E-Autos), vier Hybridfahrzeuge, aber auch jede Menge Stapler und Gepäckschlepper, die leise und umweltschonend mit Strom betrieben werden. Die Besucher finden im Bereich des Parkhauses an Terminal 2 eine Ladestation für Elektrofahrzeuge.

Weil Strom – solange er zum Beispiel durch Wind oder Sonne gewonnen wird – ein unerschöpflicher Rohstoff ist.

Weil E-Fahrzeuge leise und geruchsneutral sind, da sie keine Abgase produzieren. Deshalb können sie auch in geschlossenen Räumen wie Gepäckhallen eingesetzt werden.

Weil E-Fahrzeuge die Umwelt nicht mit Feinstaub belasten.

Unendlich

Auch ein Gepäckschlepper mit Wasserstoffantrieb ist auf dem Flughafen-Gelände unterwegs. Wasserstoff ist ein Rohstoff, der unbegrenzt verfügbar ist.

Sparsam

Defekte Leuchtstoffröhren ersetzt der Flughafen nach und nach durch LED-Lampen. Die Lebensdauer der LEDs ist nämlich wesentlich länger und Strom sparen sie auch noch.

Leise

Am Köln Bonn Airport wird ein spezieller Trick eingesetzt, mit dem die Flugzeuge leiser werden, wenn sie sich dem Flughafen nähern. Dieser Trick hat einen englischen Namen: „Continuous Descent Operations" (CDO). Übersetzt heißt das „kontinuierlicher Sinkflug". Sobald ein Flugzeug 46 km vom Flughafen entfernt ist, sinkt es kontinuierlich ab, während die Leistung der Triebwerke stark vermindert wird. Das Flugzeug gleitet jetzt – nahezu im Leerlauf – auf einer direkten Linie bis zur Landebahn. Der kontinuierliche Sinkflug ist am Köln Bonn Airport für Nachtflüge Pflicht. Am Tag nutzt ihn jedes dritte Flugzeug. Diese Technik macht landende Flugzeuge nicht nur leiser, sie spart auch  Kerosin und leistet damit einen Beitrag zum Umweltschutz.

QUIZ
Für Airport-Champions!

Wie gut kennst Du Dich im Flughafen und mit Flugzeugen aus? Mit diesem Quiz kannst Du Dein Experten-Wissen testen. Die Buchstaben hinter den richtigen Antworten ergeben ein „abgehobenes" Lösungswort.

1 Wo hat ein Flugzeug den Tank?

e   im Belly
q   in den Tragflächen
h   im Cockpit

2 Wie buchstabiert man „Wind" nach dem internationalen IACO-Alphabet?

j   Willi-Igel-Nordpol-Dackel
k   Whiskey-Indianer-Night-Dubai
u   Whiskey-India-November-Delta

3 Was ist die Sicherheitsschleuse?

t   ein Röntgengerät
e   ein Metalldetektor
v   ein Sprengstoffdetektor

4 Wie nennt man den Bodenlotsen, der die Flugzeuge einweist?

f   Sheriff
r   Marshaller
h   Richter

5 Was sind Trolleys?

k   irische Kobolde
w   kleine Rollcontainer
m   weiche Kaubonbons

6 Wie heißt der Chef der Kabinencrew?

i   Purser/Purserin
p   Nurser/Nurserin
q   Kabiner/Kabinerin

Wozu braucht man das Instrumentenlandesystem ILS?

7

n Es unterstützt den Piloten bei der Landung.

u Es verhindert schlechte Sicht bei der Landung.

v Es startet das Flugzeug automatisch durch, wenn die Landung zu lange dauert.

Mit welchem Treibstoff fliegen Düsenflugzeuge?

8

d Kerosin

t Keratin

u Kardamom

Wie ist das englische Wort für den Start von Flugzeugen?

9

d Take-that

b Take-off

f Take-five

Welche Tiere helfen dem Bird Controller am Köln Bonn Airport bei der Kaninchenjagd?

10

y Füchse

z Hunde

a Frettchen

Was ist die Aufgabe der Bundespolizei am Flughafen?

11

h Sie kümmert sich um Ein- und Ausreise sowie die Sicherheitskontrolle von Gepäck.

i Sie kümmert sich um Taschendiebe, die am Flughafen leichte Beute wittern.

j Sie kümmert sich um Falschparker in den Parkhäusern des Flughafens.

Wie heißt das schnellste Fahrzeug der Flughafenfeuerwehr?

12

n Panther

o Tiger

p Leopard

Lösungswort: _ _ _ _ _ _ _ _ _ _ _ _

Hast Du das Rätsel gelöst? Dann schicke mir das Lösungswort zusammen mit Deiner lustig-schönsten Flughafengeschichte. Mit ein bisschen Glück erhältst Du Post zurück!
Köln Bonn Airport • Ulrich Stiller, Leiter Geschäftsbereich Marketing / Vertrieb
Postfach 98 01 20 • 51129 Köln

Das Flughafen

Übrigens: Die meisten Flughafen-Begriffe kommen
aus der englischen Sprache.

Anflugbefeuerung
Beleuchtungssystem, das dem Piloten bei
Dunkelheit oder schlechter Sicht den Weg weist.

Baggage-Dropoff
Schalter, an dem das Gepäck abgegeben wird

Belly
Bauch – Der Laderaum des Flugzeugs befindet
sich in dessen Bauch und heißt deshalb „Belly".

Boarding
Die Passagiere verlassen das Gate und steigen
in das Flugzeug.

Bug
Vorderteil des Flugzeugs

Cargo
Frachtgut – Pakete, Päckchen, Briefe, aber auch
große Maschinen u. a., die mit Frachtflugzeugen
transportiert werden.

Casterdeck
Rollenboden im Frachtbereich, auf dem schwere
Container ganz leicht geschoben werden können

Catering
speziell für Flugreisen hergestellte und
vorbereitete Speisen und Getränke

Crew
Mannschaft an Bord eines Flugzeugs

Finger
anderes Wort für Fluggastbrücke – Durch diesen
Gang gelangen die Passagiere vom Gate direkt
zum Flugzeug.

Flugsimulator
nachgebautes Flugzeugcockpit, in dem Piloten
das Fliegen wirklichkeitsgetreu üben können.

Follow-me-Auto
gelb-schwarzes Fahrzeug des Marshallers,
mit dem Flugzeuge bis zu ihrer Parkposition
geleitet werden

Gangway
Treppe in das Flugzeug

Gate
Durchgang vom Terminal zum Flugzeug

Hangar
große Halle, in der Flugzeuge gewartet oder
repariert werden

Heck
Hinterteil des Flugzeugs

Interkontinentalbahn

die mit 3.815 Metern längste Start- und Landebahn am Köln Bonn Airport – Auf ihr können sogar die größten und schwersten Flugzeuge starten und landen.

Kerosin

Treibstoff für Düsenflugzeuge

Label

Etikett mit Flug- und Passagierdaten, das am Gepäck befestigt wird

Marshaller

Bodenlotse, der den Piloten über das Vorfeld bis zur Parkposition einweist

Parkposition

Bereich, in dem das Flugzeug steht, wenn es abgefertigt wird

Purser

Chef der anderen Flugbegleiter an Bord eines Flugzeugs

Pushback

zurückschieben – Beim Pushback wird das Flugzeug rückwärts vom Gate zum Taxiway geschoben.

Querwindbahn

Sie wird benutzt, wenn der Wind, was selten vorkommt, aus südwestlicher oder nordöstlicher Richtung weht.

Ramp

Teil des Vorfelds, der in der Nähe des Terminals liegt – Hier werden die Flugzeuge für den Flug vorbereitet.

Ramp Agent

Chef des Vorfelds – Er koordiniert und überwacht die Abfertigung des Flugzeugs.

Rollfeld

alle von Flugzeugen befahrenen Bereiche des Flughafens: Start- und Landebahnen, Taxiway und Vorfeld

Runway

Start- und Landebahn

Schlepper

auch Pusher genannt – Dieses kräftige Fahrzeug schiebt die Flugzeuge beim Pushback aus der Parkposition.

Sorterschale

nummerierte Wannen, in denen Koffer oder Pakete vollautomatisch durch die Sortieranlage fahren.

Take-off

Start

Taxiway

Rollbahn mit Leitlinien – Auf dem Taxiway rollen die Flugzeuge zur Startbahn. Nach der Landung rollen sie auf dem Taxiway zur Parkposition am Terminal.

Terminal

Gebäude, in dem die Passagiere abgefertigt werden

Tower

Kontrollturm – Hier arbeiten die Towerlotsen.

Towerlotse

auch Fluglotse genannt – Er regelt den Verkehr auf den Runways und dem Vorfeld am Flughafen. Sein Arbeitsplatz ist der Tower.

Trolley

kleiner, fahrbarer Container, der zum Beispiel das Flugzeugessen, Getränke, Decken oder Kissen enthält

Vorfeld

Bereich rings um die Flughafengebäude – Hier parken die Flugzeuge und werden abgefertigt und gewartet.

Bibliografische Information der Deutschen Nationalbibliothek
Die Deutsche Nationalbibliothek verzeichnet diese Publikation in der Deutschen
Nationalbibliografie; detaillierte bibliografische Daten sind im Internet über
http://dnb.dnb.de abrufbar.

1. Auflage 2015
© J.P. Bachem Verlag, Köln 2015
Idee: Ulrich Stiller
In Zusammenarbeit mit der Flughafen Köln/Bonn GmbH
Autorin: Melle Siegfried
Redaktion: Daniela Mutschler
Lektorat: Jennifer Wintgens
Illustrationen: Frank Robyn-Fuhrmeister
Layout: Giannina Brück, Petra Drumm
Druck: Grafisches Centrum Cuno, Calbe
Printed in Germany
ISBN 978-3-7616-2865-2
ISBN 978-3-7616-2905-5 EPUB

Aktuelle Programminformationen
sowie Download-Links zu unseren
Apps finden Sie unter
www.bachem.de/verlag

Im Apple iBookstore und überall,
wo es elektronische Bücher gibt.
Weitere Informationen auch unter
www.bachem.de/ebooks

Auch als **ⓔBook** erhältlich

Wir danken den Mitwirkenden für ihre Unterstützung:
REWE City, United Parcel Service (UPS), Bundespolizei,
Deutsche Flugsicherung (DFS) sowie weiteren Unternehmen
und Behörden am Köln Bonn Airport und dem Team von TUIfly.
Ganz besonders dankt der Verlag dem
Team Marketing / Vertrieb des Köln Bonn Airport.

Bildnachweis
Bundespolizei: 23 o. l., 24, 25
DFS, H.-J. Koch: 64, 65
Depositphotos/lifeonwhite: 4 m. r., 23 o. r.
Depositphotos/Irochka: 12 o.
Depositphotos/nupix: 12 m.
Depositphotos/paulmaguire: 23 m.
Depositphotos/stefan1234: 23 m. l.
Deutsches Zentrum für Luft- und Raumfahrt (DLR): 45
Fotolia/Anatolii: 28 o.
Fotolia/auimeesri: 5 m. l., 71 r.
Fotolia/MC_PP: 71 l.
Fotolia/Schlierner: 12 o., 13
Hillebrand/Rülcker: Grafik Nachsatz
UPS: 80, 81
Alle übrigen Bilder: Köln Bonn Airport

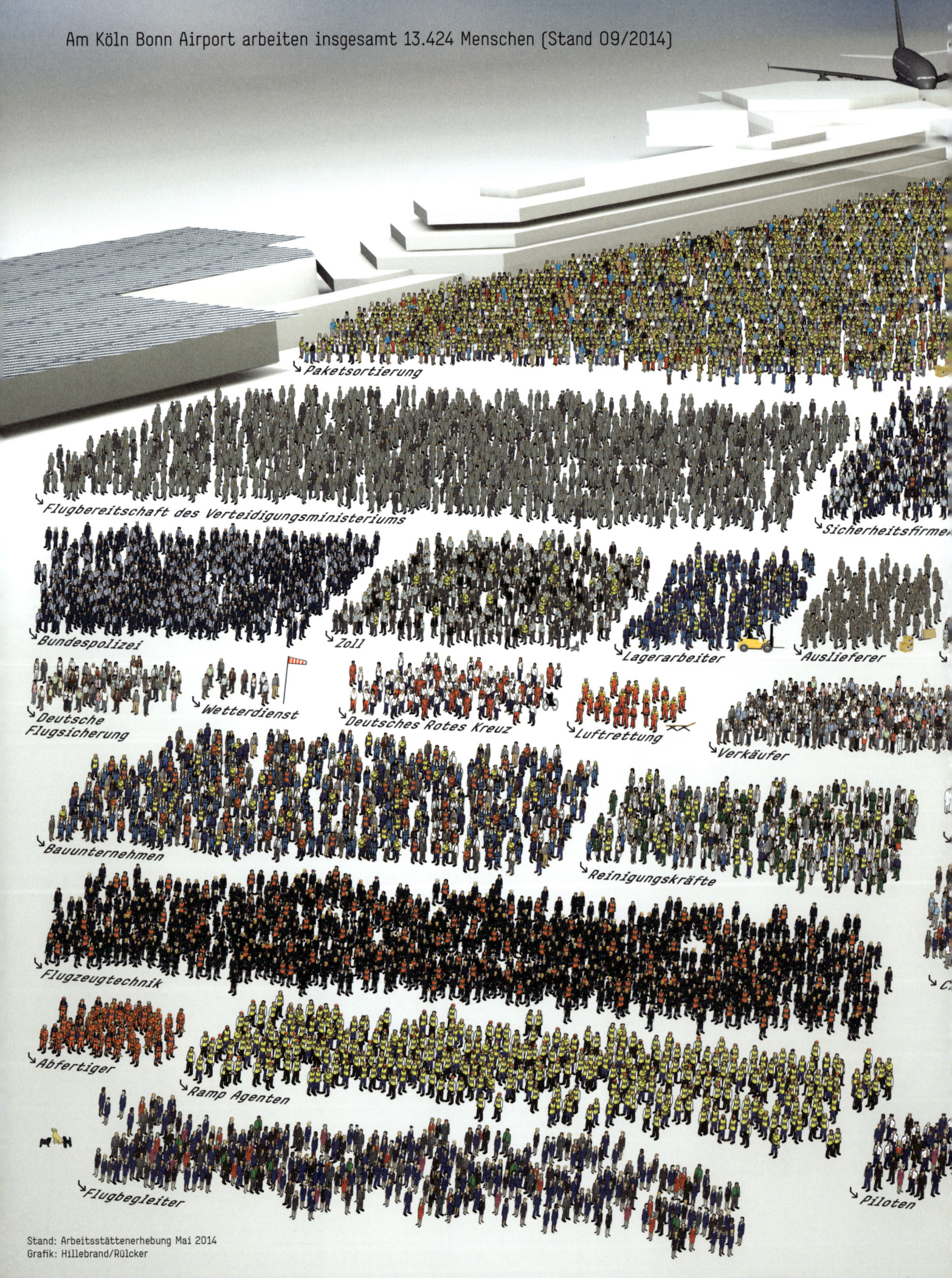

Am Köln Bonn Airport arbeiten insgesamt 13.424 Menschen (Stand 09/2014)

Paketsortierung

Flugbereitschaft des Verteidigungsministeriums

Sicherheitsfirmen

Bundespolizei

Zoll

Lagerarbeiter

Auslieferer

Deutsche Flugsicherung

Wetterdienst

Deutsches Rotes Kreuz

Luftrettung

Verkäufer

Bauunternehmen

Reinigungskräfte

Flugzeugtechnik

Abfertiger

Ramp Agenten

Flugbegleiter

Piloten

Stand: Arbeitsstättenerhebung Mai 2014
Grafik: Hillebrand/Rülcker